お金のために
働く必要がなくなったら、
何をしますか?

エノ・シュミット　山森亮
堅田香緒里　山口純

光文社新書

現代の情報経済において、私たちにとって重要だが満たされていない必要は、ケアだ。互いのケアと、地球のケア。ケアエコノミーにはベーシックインカムが不可欠だ。私の友人たちの本を通じて、一緒に歩む仲間が増えることを歓迎する。

——ベラ・ハトバニー（Béla Hatvany, 1938 -, 図書館情報産業のパイオニアの一人。起業家、投資家、篤志家）

ニコの想い出に　For Niko

はじめに

保育園に向かう坂道を上がっていくと、行きたくない我が子の号泣があたりに響きわたります。しかたなくいったん寄り道して近くの小川で一息。

「どうして保育園行かないといけないの?」と子どもがポツリ。

「だってお仕事だから」と私。

「どうしてお仕事行かないといけないの?」とたたみかけられ、
つい、

「お仕事行かないと、お金もらえなくて、スーパーで夕ご飯の買い物もできなくなるし、お家にも住めなくなっちゃうよ」

と言ってしまい、その日一日、なんだか泣きたい気持ちがたびたび襲ってきました。

おそらく、今日もあちこちで、似たような経験をしている人がいるのではないでしょうか。

なぜ泣きたい気持ちになったのでしょうか。私の場合、第一に、子どもと一緒にいられたらという思い。仕事を辞められないわけではないが、辞めた後、どう生計を立てていくのかと考えると、出口がないような感じ。第二に、寅さんじゃないが、「それを言っちゃあ、おしまいよ」的な話の終わらせ方を、子ども相手に本当はしたくないのに、つい口走ってしまう、自分の情けなさ、余裕のなさ。第三に、そのセリフは、私が仕事をしている動機の主要な一部ではあっても、すべてではないという思い。何か大事なことが抜け落ちてしまっているように感じられます。さらに、少なくとも「仕事」という概念をこれから自分なりに形づくっていくであろう子どもに、一番最初に伝えたいことでもありません。

次の日。今度は玄関で靴を履かせている最中に、同じ質問。今度こそ、自分の仕事への想いを子どもに伝えようと思うのですが、言葉になりません。そして、ハッと気づきます。

そもそも、自分がしたいと思っていたこととは違うことを、生き延びるためにしているのではないか。握りこぶしのなかにあったはずの夢は、神経をすり減らす日々のなかで、自分でも何だったか言葉にできなくなってしまっているのではないか……。結局、次の問いに対して、子どもに伝わるような言葉で語れるほど、ストンと腑に落ちる言葉にできるほどの答えを持っていないのかもしれません。職場に向かう道すがら、口のなかで苦い味がしました。

「日々暮らすお金を稼ぐために働かなくてよくなったら、あなたは何をしますか？」

＊　＊　＊

２０１６年５月、スイス、ジュネーブの広場に、巨大なポスターが現れました（口絵：写真1）。ポスターには「(生活のために）お金を稼がなくてよくなったら、あなたは何をしますか？　What would you do if your income were taken care of?」と書かれています。これは、翌月に迫っていた、ベーシックインカムという制度を憲法に書き込むことの賛否を問う国民投票に向けた、賛成派による啓発活動の一環でした。ベーシックインカムとは、詳しくは第一部で説明しますが、一言でいうなら、人が生活していくためのお金は、無条件に保障されるべきであるという考え方であり、そのための制度です。つまり、ポスターの問いは、「ベーシックインカムがあったら、あなたは何をしますか?」という問いと同じなのです。

　国民投票の結果は反対多数で否決されました。しかし、このポスターを作成し、国民投票を実現するために12万筆あまりの署名を集めた人たちは、今回の投票で勝つことを目標とはしていませんでした。

　というのも、ベーシックインカムについての議論は、ともすれば、「ベーシックインカムがあれば、怠け者が増えるのではないか」、あるいは逆に「現在の福祉制度をベーシックインカムに置き換えたら、失業者が減るのではないか」など、「ベーシックインカムがあったら、他人は何をするだろうか」についての議論になりがちだからです。

　しかし、このポスターは、他人がではなくて、あなたはどうするか、と問いかけているのです。

　私たちの多くは、人生のうちのかなりの時間を、生活費を稼ぐために使っています。その日常をいったん括弧にくくることを、この問いは求めているのではないでしょうか。

たとえば、今は生計を立てるために都会で働いているかもしれませんが、ベーシックインカムがあれば、生まれ育った地域に戻って農業を継ぎ、老親やお世話になった地域の人たちを少し楽にさせることができるかもしれません。

この問いは、自然に人びとを、長期的な視野で、労働、所得、社会のあり方、個人の生き方について、根源的に考えることへと誘《いざな》うようです。一人ひとりの市民がそのような根源的な問いに向き合って、街頭で、職場で、家庭で話し合って、その上でベーシックインカムの是非を議論してほしい——そうしたメッセージが、この問いには込められていました。

前述のポスターは、110×70メートルにおよぶ巨大なもので、世界最大のポスターとしてギネス認定されました。つくった人たちは、そこに書かれた問いは、今を生きる私たちにとって「世界最大の問い」だと言います。この本は、その問いについての本です。

＊　＊　＊

本書は、第一部と第二部の二部構成になっています。それぞれの構成は以下の通りです。

第一部は、無条件のベーシックインカムという考え方についての、二つの章と二つのコラムからなります。第1章では、先ほど言及したスイスの国民投票を実現させた運動の設立者の一人であるエノ・シュミット（Enno Schmidt）さんに、運動や、その背後にある考え方について紹介してもらいます。

シュミットさんたちが始めた運動には、様々な人びとが共感し、参加していきます。つづくコラム1では、そうした応答の一つとして、国民投票のための署名集めに参加した、ニコ・ハーマン（Niko Hammann）さんの声に耳を傾けたいと思います。

コラム2は、２０１７年４月に京都で私たちが開いた集まりでの、参加者とシュミットさんとの対話をもとにしています。

第2章では、ベーシックインカムについて、もう少し詳しく紹介します。『お金のために働く必要がなくなったら、何をしますか？』という本書のタイトルは、すなわち「ベーシックインカムがあったら、何をしますか？」という問いです。

本書の趣旨は、この問いについて考えることです。ですから、それ以外のことは趣旨から外れるのですが、それでも、次のような反論が聞こえてきそうです。「お金のために働く必要がなくなったら」って、そんなありもしないことを考えても仕方がないのでは？　「あなたは木星に行ったら何をしますか？」という問いと何が違うの？

今の日本で生きる私たちにとって、もっともな反論かもしれません。また短期的な視点では、実際実現は難しいのはその通りです。そのため、第2章では回り道をして、ベーシックインカムとは何であり、どうして現在、世界的に注目が集まっているのか、そして、どうすればベーシックインカムは実現可能なのか、といったことについて概観しておきます。

第二部は、「ベーシックインカムがあったら私たちは何ができるか」について、ミヒャエル・エンデの『モモ』という小説を手がかりに考えていきたいと思います。いったい、私たちはどんな生き方や人との繋がりを手に入れることができるのでしょうか。

第3章と第4章では、『モモ』の世界とベーシックインカムがどのように繋がりうるのかを考えます。

第3章では、エンデが影響を受けたルドルフ・シュタイナーやシルヴィオ・ゲゼルの思想、そしてオルタナティブな貨幣を発行し流通させた実践などを紐解いていきます。また、シュタイナーの影響を受け、エンデとも交流し、シュミットに影響を与えたヨーゼフ・ボイスの思想と実践が、ベーシックインカムとどのように関係するかも考えてみます。

つづく第4章は、これらのトピックについて、シュミットに山森がインタビューしたものです。

第5章と第6章では、具体的な実践から、ベーシックインカムの持つ意味を考えていきます。

第5章では「ゆる・ふぇみカフェ」という実践に即して、ベーシックインカムの持つ意味が考察されます。昨今の、いわゆる「女性活躍」を推進するという動きが女性たちにとってどのような意味を持つのか、あるいは持たないのか。そうしたこととベーシックインカムがどう関係するのか、あるいはしないのか。キーワードは「活」、それから「魔女」です。

第6章では「本町エスコーラ」という実践に即して、ベーシックインカムの持つ意味が考察されます。住居や仕事場などの空間のあり方とベーシックインカムがどのように関係しているのでしょうか。「コモンズ」、そして「ギフトエコノミー」がキーワードです。

山森亮

お金のために働く必要がなくなったら、何をしますか？　目次

第一部

無条件のベーシックインカム

「はじめに」で述べたように、2017年の春に、私たちは京都でとある集まりを持ちました。「私たち」とは、シュミット、山森、堅田、山口の本書の執筆者である4人だけのことではなく、ベーシックインカム（第1、第2章を参照）や社会彫刻（第3、第4章を参照）などに関心を持つ、30人近い人たちのことを指しています。

彼ら・彼女らが集まってアイデアを出し合い、イベントの準備をしたのですが、「Kyoto Basic Income Weekend」と呼ばれたこのイベントは、4月22日から23日にかけて、二日間にわたって行われました。初日は（第6章で詳述される）「本町エスコーラ」で、二日目は同志社大学で行われ、百数十人が参加しました。二日目の集まりでシュミットが語ったことが、第1章のもととなっています。その後に行われた参加者との対話の一部が、コラム2となっています。

本文中の表記［　］は山森による補足です。

コラム1は、第1章で詳述されるスイスでのベーシックインカム国民投票を求める署名活動に精力的に参加した、ニコ・ハーマンとシュミットの対話です。

第2章は、ベーシックインカムについて俯瞰的な説明をしようとしています。

第1章

私たちは存在しているだけで意味がある

――スイスからのメッセージ

エノ・シュミット

１・１　理想主義？　ユートピア？

重要な点

普遍的な、無条件のベーシックインカムという新しいアイデアについて話しましょう。これは日本だけでなく、今、世界的に広まっている考え方です。理想主義とかユートピアとか思われる方もいるかと思いますが、実はそうではなくて、民主主義と同じぐらい強力な考え方でありまして、現在、世界的にいろんな議論が持ち上がっている考え方です。

ベーシックインカムという言葉は、いろんな人が、いろんな意味で使っています。そのため、無条件のベーシックインカムについて、まずはその定義を確認することから始めたいと思います。

基本的な収入《ベーシックインカム》といいますのは、まず、個人が生活していくのに必要な収入ということです。個人が生き延びるために、生活するために、贅沢ではないけれども、それでもまともな生活ができるだけの収入ということです。

今日の世界において、収入なしに生活することはできません。なぜなら私たちは［自給自足ではなく、分業社会を生きているので］他の人と関わりながら、他の人のために働くし、他の人からのサービスを受け取って生活をする、そういう世界になっているからです。

したがいまして、見方を少し変えますと、もうすでに私たちはいくらかの収入を手にしているわけです。つまり、私たちはすでに基本的な収入《ベーシックインカム》を手にしていると。その収入によって私たちは生活し、互いに関わり合っているので、基本的な収入《ベーシックインカム》というのはもうすでに実現されているとも考えられます（第2章2・1〈71〜75ページ〉を参照）。

ですから、基本的な収入《ベーシックインカム》は新しい考え方だというわけではなく、誰でも、働いている人にも働いていない人にも無条件に与えるというところが新しい点だと思います。

つまり基本的な収入《ベーシックインカム》は、ある意味では今日でも実現しているといえます。いくらかの人は、支払いのある、給与のある賃金労働をしていますし、そうでなく、日本の場合、専業主婦の方が比較的多いようですが、友だちや働き主に養われている人もいると。それから、働くことができないので失業手当や生活保護などを受け取っている人、もしくはお年寄りや子どもの人で年金とか家族に養われている人たちがいます。

ただ、これらは条件つきです。

私たちがベーシックインカムについて議論するときに重要なのは、これが無条件であるということです。この無条件が何を意味するかといいますと、このベーシックインカムが生活をするための権利、つまり生活のための人権と同じものであるということです。たとえば、雇用されているのか、失業中であるのか、そういうことは関係ありません。または、金持ちなのか貧乏なのか、さらには、行いが善いのか悪いのか、もしくはどのような主張や主義を信じているか――、そういうことはまったく関係なしに、すべての人に無条件でということが重要になります。

「働かざる者、食うべからず」ではないか？

具体的にベーシックインカムの金額がいくらかといいますと、それはたとえば、大人と子どもや幼児、あるいは年齢によって若干違いが出てくることはあります。

しかし、ぜひ、次のように想像してみてください。日本のすべての人が、皆さんが好きな人も嫌いな人も、同じ金額のベーシックインカムをもらえるという世界を。そしてそのとき、おそらく皆さんの頭をよぎるのは、まず「そんなことをしたら、みんな怠け者になるのではないか」ではないでしょうか。また、「働く量が減るのではないか」「それは正義ではない」

「働かざる者、食うべからずではないか」――。このように考える人が多いのではないかと思います。

社会の構成員すべての人への無条件のベーシックインカムというものを考えたとき、まず、こうしたいろんな疑問が浮かんでくると思います。しかし、ここで重要なのは、そのような疑問が生じて、それについて考えたり、議論したりするということ自体が、すでに、無条件のベーシックインカムという考え方の持つ意味の一部なのです。つまり、今まで疑うことのなかった価値観を問い直すということ自体が、無条件のベーシックインカムという考え方の持つ重要な要素になっているのです。

歴史の一つのステップ

普遍的な無条件のベーシックインカムについて、少しイメージが湧きましたでしょうか。

この無条件のベーシックインカムは、受け取った人に「これをせよ」「何をしろ」という決まりはありません。そのお金をどう使うかは、すべて皆さんの自由です。今の仕事を辞めろとか、他の特定の何かをしろということでもありません。これは、非常によい考えだと思いませんか。ある意味、民主主義の考え方に通じるものがあります。民主主義も、帝国とか王様とか政府の一部の人のためのものではなく、普通の素人の市民たち、一般の市民たちに信頼を置いて接している社会の仕組みだと思います。

無条件のベーシックインカムの根底にある考え方も、すべての人を信じる、そして自分自身を信じるということなのです。つまり、すべての人たちが、他の人に決められたことよりも、自分でいちばんよい選択肢を考えることができるという信頼です。

このような信頼はすでにあるものですが、ベーシックインカムはそれをさらに促進していきます。この意味で、ベーシックインカムの考え方も、ずっと積み重ねられてきた歴史の一つのステップだと思います。つまり、よりよい世界のために、より多くの自由のために、より自分に責任を持てるようになるために、より市民を信じて次のステップに進むためのステップだと思います。

Ⅰ・2　国民投票へ

成功の鍵の一つ

ここで、まずスイスで私たちがやってきたことを紹介したいと思います。なぜなら、このスイスでの取り組みが、世界的に無条件のベーシックインカムに関する議論を巻き起こしたからです。

2006年にスイスで「イニシアティブ・ベーシックインカム」という団体を友人のダニエル・ハニと始めました。その当時、スイスでは、ベーシックインカムについて知っている人はほとんどいませんでした。そこで私たちは、スイスでこの考えを広めるために、インターネットを使ったりイベントを行ったり、様々な活動をしました。新しいことを創造的なやり方で組織する起業家的な力を持つ人たちと、私のようなアーティストたちが力を合わせてキャンペーンを行ったのです。美学的な能力というのも、運動を広げるためには欠かせないものでした。

このキャンペーンのポイントとして、私たちは、左とか右とか、ネオリベラルだとか、主義を語ることなく、まず人間に関して、人間を大切にするという姿勢を大きく打ち出しました。これが、成功の鍵の一つだったと思います。

私たちは、このキャンペーンではっきりと言いました。この普遍的な、無条件なベーシックインカムは、誰にも、どんな主義にも反対するものではないと。今いる社会について批判すべき点は多々あるでしょう。でも、私たちはそこから話を始めませんでした。そうではなくて、今、私たちが生活している社会もよいものであるといった前提に立ち、誰をも否定しないことから始めました。私たちの親、祖父、私たちの先の生活の年代の人たちが一生懸命汗水たらして働いてきてくれたこと、私たちによい社会をもたらそうと一生懸命だったこと、それを肯定して、「今の社会もいいが、よりよい社会を目指そうよ」ということを呼びかけたのです。

そこで私たちのキャンペーンでは、金持ちを否定することもなく、本当に一生懸命働いている人を否定することもなく、むしろ働くということを肯定しながら、どの階級も否定したり貶《けな》したりすることなくキャンペーンを進めました。

200万人以上が視聴したドキュメンタリー映画

私はアーティストであることもありまして、文章や論文で表現を披露するだけではなく、画像やイメージで伝えることも大切にしています。それで、私はまず2008年に『ベーシックインカム――文化的衝撃《インパルス》』というドキュメンタリーを作って公表しました。このドキュメンタリーは幸いにも200万人以上に観てもらえ、20ヶ国語以上に翻訳されて、無条件のベーシックインカムに対する議論を世界規模で広げることができました。

この2008年のドキュメンタリーの目的は、観た人にベーシックインカムのモデルについて理解してもらうということではありませんでした。そうではなくて、観た人に「ドキュメンタリーをつくった人間が、私たちみんなを理解してくれている」と感じてもらうことが大切だと考えていました。無条件のベーシックインカムの核心は、それが新しい考え方とかモデルとかいうことにあるのではなく、根底にあるのは人間への理解であり、自分自身をよりよく理解することだと思うからです。

これは私にとって重要なことです。というのも、私たちは自分を理解しており、自分の感情を知っているわけです。しかし現在の社会では、そうした理解をいったん括弧にくくって、

「黙ってお金のために働け」という力が作用しがちです。「その結果、自分自身への理解を失ってしまいがちです。」そうではなくて、自分自身への理解を取り戻し、新しい自由な考え方と生き方の空間を開いていくというところが重要だと考えています。

皆さんにぜひ考えてもらいたいことは、このベーシックインカムを導入したら、社会や他の人がどうなるかではなく、皆さんにとってこのベーシックインカムが何を意味するか、自分にとってのことを考えていただけたらということです。つまり他の人、社会の基準によって何か決められるわけではなく、このベーシックインカムを手に入れたときに、自分が自由を得たときに自分が何をしたいかということを考えてもらいたいと思っています。無条件のベーシックインカムによってあなたの生が、あなたに対する評価などとは無関係に、無条件に肯定されたとき、いったいあなたに何が起こるのかということです。

スイス独自の制度

私がドイツ出身でありながらスイスに移り住んでこのキャンペーンをした理由の一つとして、スイスは民主主義を大切に、しかも直接民主主義を大切にする国であることが挙げられます。スイスには、市民のイニシアティブによって国民投票を成し遂げるという制度が備わっています。

これはスイス独特の制度で、市民の提案によって署名を集めることができれば、国民投票を行うことができるという仕組みです。先ほどのような社会や将来をよくしたいというアイデアがあったら、まずそれを文章に書きまして、公表してキャンペーンを始めるということです。

ですから、もしそのようなアイデアがあった場合、まず、私たち市民が集まって提案の文章を書くことになります。そして、それをチェックする機関を通してＯＫが出ると、キャンペーンを始めることができます。

市民によるイニシアティブの提案が認められた場合、公示された日から18ヶ月の間に、公共の場所で、「私たちはこの提案について国民投票を行いたい」という10万人以上の市民の署名を集める必要が生じます。私たちが行った、ベーシックインカムという制度を憲法に書き込むことの賛否を問う提案は12万以上の署名を集め、２０１３年10月14日に政府に提出する運びとなりました。

10万人以上の署名を集めて政府に提出すると、連邦政府は正式に議論を始め、国民投票に動かなくてはいけないという決まりがスイスにはあります。先ほども言ったように、文章を通じて考え方を知るだけではなく、私はアーティストですので、イメージを通じてより多くの人に体験し実感してもらいたいということで、このキャンペーンを広めていきました。

広場に16トン分の金貨

その市民の署名を提出した日にどのようなイベントをしたか、そのときの様子が写真２（口絵参照）です。

まず私たちは、スイスで一番少額の５スイス・ラッペン硬貨（１００スイス・ラッペン＝１スイス・フラン）を８００万個用意しました。なぜならスイスには８００万人が住んでいるからです。この硬貨は一番少額ではありますが、いちばん金に近い色をしていて、金貨のようにも見えることから選びました。金額にして、40万スイス・フラン（１フランは約１１２円）、重さはおよそ16トンに及びます。

これだけの非常に重い硬貨を、私たちの団体の本部のあるバーゼルからスイスの首都のベルンまでトラックで運びました。ベルンの連邦議会とか中央銀行のある広場で、「私たちは12万の署名を集めることができて、とても幸せです。今日、署名を国会に提出します」と宣言して、トラックから広場に硬貨を降ろしました。トラックから砂を降ろすようにです。

トラックからぶちまけられた硬貨は、広場で山になります。地面に硬貨をぶちまけることは、お金というのはどこかに大事に隠し持たなければいけないものではないということを表そうとしています。また、硬貨の山は、私たちの社会には十分な富があることを表しています。この硬貨の山を、みんなで地面に掃いてならして、その上にみんなが乗りました（写真4）。これは、十分なベーシックインカムの上で、私たちが生活を営むというイメージを表しています。

問題は、このぶちまけた金貨をどうやって集めて持ち帰るかということで、見てもらったら分かるように（写真5）、掃除用のバキュームカーで吸い上げました。いつもはゴミや砂を掃除する道具で硬貨を掃除するのはユーモラスなことで、みんな楽しんでいました。もちろん、イベントの最後には広場を綺麗に掃除しておきました。

メッセージに込めた意味

このイベントで披露したアイデアは非常に興味深いイメージでしたので、世界中で報道され、世界中の人にメッセージを伝えることができました。硬貨の山という、非常にコミカルな描写ではあっても、その背後にあるメッセージには、人間についての理解を見直そうとい

写真４　2013年10月４日、連邦議会前の広場にて。硬貨の絨毯の上に乗る人びと。ベーシックインカムという土台の上で営まれる生活をイメージ。© Stefan Pangritz

写真５　2013年10月４日、連邦議会前の広場にて。清掃用バキュームで硬貨を片づける。© Stefan Pangritz

う意図が込められています。人間は存在しているだけで意味があるのではないかというメッセージです。

ここで問われているのは、私たち人間というのは、その存在を機能性だけ、効用だけで機械のように判断されるのか、あるいはそうではなくて、機械とは違う人間というものが理解されるのか――そこだと思います。ですから、無条件のベーシックインカムというのは、現在の失業保険や社会保障の新しいバージョンというわけではありません。

この無条件のベーシックインカムというのを新しい形の支払い《ペイメント》だと考える人が多いんですが、それは違います。ベーシックインカムは、新しい収入《インカム》であって、それは民主的な判断、民主的な法律によって決められた新しい収入です。

ここで違いを理解していただきたいのですが、私たちは常日頃、何かの代償のため、何かの条件によって支払いをされるということに慣れています。つまり、結婚しているので、妻が夫から支払いを受ける。もしくは子どもが、未成年者が親から支払いを受ける。あるいは賃労働で労働した対価として支払いを受けるなど、このような特定の条件があり、特定の誰かとしてお金を受け取るという考えに慣れています。

一方、無条件のベーシックインカムというのはそういった考えとは違います。まず、人間の存在を尊重するところから始めるわけです。人は誰でも基本的な収入《ベーシックインカム》を必要とするわけですから、市民の権利といいますか、人権としてベーシックインカムを考える、私たちが存在することを無条件に肯定する――ここから始まります。

人類の新しい挑戦

皆さんは、今後、ロボットや人工知能が急速に発達し、それにともなって多くの人が失職の憂き目に遭うから、こうした時代を生きるための受け皿としてベーシックインカムがあるという議論を聞かれたり、そのように考えてこられた方もいるかと思います。

ですけれども、無条件のベーシックインカムというのは、実はそれよりもっと深い意味を持っています。無条件のベーシックインカムは、まず、人間とは何か、また、私たちが無条件に収入を得ることができれば、私たちは社会のために何をすることができるのか――それを考えることが基本的な出発点なのです。

皆さんもご存じのように、私たちは非常に激しい変化のなかにいます。それはデジタル化やオートメーション化というだけではなく、データ・エコノミーともいうべき新しい経済に入りつつあります。先ほども少し触れましたが、一説によると、これから10年、20年のうちに今ある仕事の半分ぐらいはなくなってしまうとも言われています。

私は、こうした動きを否定しているわけではありません。否定どころか、むしろ、これは人類にとって輝かしい成功だと考えているくらいです。私たち人類が創造性を発露し、技術や経済を発展させ、オートメーション化、合理化を成功させることができてきたからこそ、今日のような時代になったと言えると思います。でも、何人かの人は「これからの時代は大変だ。仕事がなくなってしまう」と思うことでしょう。

でも、次のように考え方を変えたらどうでしょう。機械やオートメーションによって仕事が失われるというのではなく、機械やオートメーションによってなくなるような仕事というのは、そもそも人間がする必要がなかったものではないかと。

なくなっていく仕事の代わりに、もっと素晴らしい社会のための仕事をすることができると考えれば、無条件のベーシックインカムの導入というものを、もっと前向きにとらえられるのではないかと思います。したがいまして、今までの人類の技術の発展、経済の発展という成功を正面から受け止めて、その成功によって私たち人間が今こそ新しい挑戦的な仕事に、機械ができない、人間だけができる仕事に挑戦するべきだと、そのように考えられるのではないかと私は思っています。

機械や技術や経済の発展によって、今まで人間がせざるを得なかったルーティンワークをしなくてよくなるという方向への変化を拒否し、ルーティンワークをそのまま引き継ぐことになったらどうでしょう。それこそ、怠けていることを意味するのではないでしょうか。ルーティンワークは機械に任せ、人間は、これからはより人間しかできない新しいことにチャレンジするということ、それこそがまさに、私たちがベーシックインカムで可能にすることができる新しい挑戦だと思います。

そのためには、この収入《インカム》と仕事《ワーク》——お金のためだけの労働ではなく、自分のやりたいことも含めて仕事とここでは考えています——を切り離して考えることが大切だと思います。

あなたはなぜ働くのですか？

私が「あなたはなぜ働くのですか」と聞くと、「何を馬鹿なことを聞いているんだ。生活のため、お金を得るためじゃないか」と答えることでしょう。でも、もう少し言葉のキャッチボールを続けていくと、おそらく皆さんも、お金を得るためだけに働いているわけではないことに気づくでしょう。職場には同僚もいます。そこで人間関係も生まれます。仕事を通して学んだことや、そこで見つけた意義もあるでしょう。そして、仕事は他の人や社会に貢献できるものだということも学ぶでしょう。こうした、自分自身の成長や、他者への貢献ということを語り出すと思います。

ですから、皆さんも自問してみてください。自分は、本当に自分自身のためだけに働いているのだろうかと。おそらく、答えは違うのではないかと思います。すべての人は、他の人のために、他者のために働いていると思います。車を組み立てて販売したり、料理をつくって販売したり、服をつくって販売したりしていると思いますが、それらはすべて、他の人に関わる、他の人のための仕事です。

それに対して、収入というのは違います。誰もが、自分のためにそれを必要としています。このことをお話ししたのは、ベーシックインカムというものが、その金額がいくらかとか、ある特定の問題の解決策だとかに焦点を合わせて語られることがあるのですが、そうしたとらえ方とは違う形で、無条件のベーシックインカムについて考えてもらいたかったからなのです。もっともっと大きな枠組みで、私たちの働き方、私たちの社会の未来、私たちが今生きているあり方などについて、皆さんが再考してくださることを望んでいるからなのです。

繰り返しますと、仕事というのは支払いを受けるためだけのものではなく、私たちが他の人のため、社会のために行うものです。無条件のベーシックインカムは、働くことをやめろとは決して言いません。むしろその逆で、働くことの自由を得ることができるものです。つまり、より自分のやりたいこと、自分の動機に従って、それは今の職場と違う職場に移ることになるかもしれませんが、より自分の心に正直になって、自分のやりたい仕事をすることができる。なぜなら、仕事というのは私たちの人生そのものだと、そのように考えているからです。

毎月20万円を無条件に手にすることができれば、
あなたは何をしたいですか？

皆さんに考えていただきたいのは、たとえばの数字ですけれども、皆さんが無条件のベーシックインカムとして、毎月20万円を手にすることができたら、それで何をしたいと考えるでしょうか。その20万円を受け取るかわりに、今まで手にしていた給料や社会保障や年金などは20万円分減るかもしれません。しかし、すべての人が、無条件で毎月20万円を手にすることができたとします。では、その20万円を手にした後、皆さんは今の仕事を続けるでしょうか。

ヨーロッパで行われた、いくつかの興味深いアンケート調査があります。そこで前述の質問をしたところ、実に9割近くもの人が、「はい、仕事は続けます。１～２日は働く日を減らすかもしれないですけれども、仕事は続けると思う」と答えています。今度は同じ人たちに、「他の人はベーシックインカムをもらったら働き続けると思うか」と質問しました。すると、同じく9割近くもの人が「いや、他の人は仕事をしないんじゃない?」と答えたのです。これは、無条件のベーシックインカムというものを自分のこととして考えるか、他の人のこととして考えるかで、答えが180度変わることを意味しています。

ある意味、私たちは自分の心と正直に向き合って自らのことを議論するよりも、他者のことを議論するほうが議論しやすいようです。ですので私が強調したいのは、ベーシックインカムを考えるときに、社会全体とか他者のためのというような遠い世界のこととして議論することはやめてもらいたいということです。そうではなく、自分のこととして、自分がこのベーシックインカムを手にすることができたら、どのような自由を手にすることができるか、何ができるのか、このギフトをもらえたら自分の個人的な生活をどう発展させることができ、また膨らませることができるのか、こういうふうに考えてもらえたらと思っています。

世界各地で、いろいろなベーシックインカムの給付実験が行われていますけれども、そのほとんどで、人びとがより多く熱心に働くようになったという結果が出ています。世間一般でいわれる怠け者になるとか、働かなくなるとか、そういう意見とは逆の結果です。このことから、無条件のベーシックインカムを導入しよう、導入に向けて挑戦してみようという政府も出始めています。

２０１６年の6月にスイスで国民投票が行われたとき、ベーシックインカムの導入に賛成と言った人は23％でした。反対した人の方が多数派でした。これをもって失敗だと考える人もいますが、私たちはそうは思っていません。

民主主義では、人びとに知らせること、教育というものが大切です。スイスでも、このような大きなトピックに関しては、１回目の国民投票では否決されることが多々あります。しかし、同じトピックで2回目に国民投票が行われるときには、賛成派が増えるという現象がしばしば見受けられます。

私たちは、ベーシックインカムという制度をテーブルの上に広げ、国民全員に知らせるという目的を果たすことができました。ですから、このキャンペーンが失敗だったとは決して思っていないのです。

大きく考える

「はじめに」でも触れていますように、国民投票の前に、「お金を稼がなくてよくなったら、あなたは何をしますか?」という問いが書かれた、世界一大きなポスターをジュネーブの広場に創りました（写真1：口絵参照）。

このイメージで、私が皆さんにお伝えしたいのは、大きく考える（think big）ことと、新しいことを考えることが重要だということです。そして、新しいことに挑戦するときに、小さく縮こまってしまうのではなく、大きく考え、挑戦する勇気を持つことが大切なことだと思っています。なぜなら、現代を生きる私たちは、単に技術や経済の発展だけでなく、本当に将来のため、未来のため、社会の構造を変えるために、新しい考え、新しい挑戦、イノベーションを必要としているからです。

ベーシックインカムについて議論になることは山ほどあって、たとえば財源はどうするんだという論点は必ず浮上します。しかし、それに対してはすでに答えが出ています（コラム2を参照、60ページ）。大切なのは、この〝無条件性〟を語ることだと思います。無条件のベーシックインカムによって私は、おそらく市民社会が強くなり、皆さんがそれぞれの人生を正面から思い切って生きることができるようになり、人生のなかでの感情を大切にすることができるようになると思っています。

人間は、生活の必要を満たせないような苦境に置かれ、難しい競争に耐えなければならない社会にたえず身を置かなければならないということはないはずです。無条件のベーシックインカムは、まず皆さんを「この世界へようこそ」と歓待するということだと思います。それが私たちの社会のあるべき姿ではないでしょうか。まず、お互いを「この世界へようこそ」と迎える、自分を「この世界へようこそ」と迎えること、それが大切だと思います。

コラム1　スマートフォンか、直接民主主義か

ニコ・ハーマン×エノ・シュミット

ニコ・ハーマン（Niko Hammann, 1977 - 2015）は、心臓疾患のため失業中だった2012年、シュミットたちが同年に始めたベーシックインカム国民投票のための署名集め（写真3：口絵参照）に参加し、全約12万筆のうち、約5000筆の署名を集めた。彼の心臓疾患は、国民投票を待たず、2015年5月1日に彼の命を奪った。37歳の若さだった。以下は、2014年10月30日にスイス・アーラウで行われたシュミットによるインタビューである。

すべての人のためのもの

シュミット　まずは、簡単な自己紹介をお願いします。

ハーマン　私は自然石のタイルを敷き詰める職人として訓練を受け、建築現場で働いていました。あるとき、椎間板ヘルニアになってしまって、失職しました。新しい職を見つけなければならなかったので、職を探し、ビルの清掃の仕事に就きました。換気口を掃除する仕事でした。そこでは労働者の待遇は悪く、休憩時間もないなど、労働法上は違法なことがまかり通っていました。

こうした状況に対して立ち上がって闘い始めたとき、心臓発作に襲われました。病院で12回も蘇生処置を受けました。ですから、今、こうして生きているのはとても幸運なことです。

それからベーシックインカムという考え方に出会いました。それでバーゼルで運動の中心にいたシュミットさんを訪ねました。それから集会に参加したり、署名を集めるようになりました。それ以来、政治的なキャンペーンに関わるようになりました。虐待されている子どものためのキャンペーンにも関わっています。

シュミット　あなたはとても一生懸命働いて、それで体を壊してしまいました。ベーシックインカムはしばしば、働かないための言い訳、人を堕落させるものとして批判されます。しかし、ベーシックインカムは、体を壊すまで働いてしまうほど勤勉なあなたを魅了しました。いったい、ベーシックインカムの何に惹《ひ》かれたのか、教えてもらえますか？

ハーマン　もちろんです。なんといっても（ベーシックインカムのもたらす）自由に惹かれたのです。なぜ人びとを、たとえば生活保護や失業手当などに追いやるのか、私には理解できません。

スイスは福祉国家だと聞かされ続けてきました。でも、私はそうは思いません。この国は福祉国家ではないと思います。というのも、ここで私たちは生きるための手段を懇願しなくてはならず、（主権者ではなく）嘆願者となってしまいます。そして、そこまでして手にできたものでも、生活費をカバーすることさえ難しいのです。さらに、福祉を受給しているときには、保持することが許されないものもあります。また、生活のすべてを開示しなくてはなりません。

これに対してベーシックインカムの場合、すべての人が、収入の有無や性別、あるいは年齢などに関係なく、一定の金額を手に入れることができるわけです。このような仕組みだけが、同胞である人間を公平に取り扱うことができるのだと思います。といいますのも、この仕組みのもとでは、誰かが別の人を指差して「おい、おまえは福祉を受給しているだろう、だから私とおまえは違う」とは言えなくなります。これが、現在の福祉制度とベーシックインカムとの違いです。福祉は持たざる者だけのためのものですが、ベーシックインカムはすべての人のためのものです。

怠け者はいつも他人

ハーマン　誰かがしばらくのあいだ働きたくないと思うことに、なにも間違ったところはないと思います。もし誰かが「私は４ヶ月休みたい」と言ったとして、それは正当なことだと私は思います。というのも、どんな理由であれ、人は何かをするように強制されるべきではないと私は考えるからです。

（ベーシックインカムの国民投票を求める）署名を集めていたとき、多くの人があまり署名に積極的ではないことに気づきました。最初は拒絶というのが、しばしば見受けられた反応でした。他人を指差して「あいつらは働きたくないんだ」ということはあっても、自分自身がどうするか語る人はほとんどいませんでした。怠け者はいつも他人のようです。

人びとがどのように考え、また人間をどれだけ否定的に見ているかを知るのは興味深いことでした。人は社会について、とても酷いイメージを持っている一方で、自己については素晴らしいイメージを持っているようです。なんという矛盾でしょう。

最近、人びとに「スマートフォンか、直接民主主義か？」という選択肢を与えたら、どちらを選ぶだろうかということを考えます。そして［他人を信頼しない社会で］多くの人が選ぶのは、スマートフォンの方ではないでしょうか。

署名集めに参加した動機は、もちろん国民投票に必要な（署名の）数を集めなければと思ったからです。ベーシックインカムという考え方はとても魅力的なもので、その是非を問う国民投票は実現されるべきだと思いました。

ベーシックインカムなんて夢物語だという人もいるでしょう。多くの人が嘲笑《あざわら》う夢。しかし、そうした人たちが私たちのことを嗤《わら》い、指差して、「あいつらと、あいつらの馬鹿げた考え」というたびに、私はもっと署名を集めようと動機づけられました。「ほら、そんなに馬鹿げてもいないよ。見てごらん」と言いたかったのです。

ベーシックインカムというのは、その一番の目的は、すべての人の平等ということだと思います。

シュミット　スイスでの国民投票はどうなると思いますか？　スイスはベーシックインカムを導入することになるのでしょうか？

ハーマン　国民投票では、否決されると思います。でも、それは悪いことではなく、私は否決されることを否定的には捉えていません。なぜなら、私たちの目標は達成したからです。すなわち、国民投票の実現で、ベーシックインカムのニュースを世界中に広げることができたという目標です。近い将来、といってもそれはもしかしたら100年先か200年先になるかもしれませんが、私たちの社会は、遅かれ早かれ、ベーシックインカムを導入することになると思います。

コラム2　財源、教育、福祉、そして民主主義
――京都での対話

Kyoto Basic Income Weekend 参加者×エノ・シュミット

先述のように、2017年4月22〜23日に「Kyoto Basic Income Weekend」と題して、本町エスコーラと同志社大学で集まりが持たれた。以下は、そのときの参加者とシュミットの対話の一部をもとにしている。

税にまつわる重要なポイント

Q1　ベーシックインカムの賛否を問う国民投票は、スイスではなぜ否決されたのでしょうか？　否決されたことには理由があるはずです。夢を語るのは結構ですが、財源の問題など、解決すべき実際的な問題に疑義があったから否決されたのではないですか？

シュミット　否決されたことをどう考えるかについては、前述のコラム1（54ページ）でハーマンも触れていますが、私も、このコラムの最後でお答えしたいと思います。

その前に、よく聞かれる財源のことについて触れておきたいと思います。それには、もちろん税金の話をしなければなりません。税額のことだけではなく、それはどのような税金なのかという視点も重要だと思います。

第1章の冒頭で触れたように、私たちは収入なしで生活できないけれども、私たちが生活しているということは、そのような基本的な収入《ベーシックインカム》はすでに手にしているということです。ですから、今私たちが話しているベーシックインカムは、すでに私たちが手にしている基本的な収入《ベーシックインカム》に、新たなベーシックインカムをつけ足すのではなくて、すでにまかなわれている基本的な収入《ベーシックインカム》を、今は条件つきなので、無条件にするということがポイントです。

では、財源をどのように確保するのか。税金の基礎的な話が必要になってきますね。税金の基本的な考え方として、所得税とか法人税とか、いろんな種類の税金がありますけれども、つまるところ結局、最後に販売されるモノ、もしくはサービスの価格のなかには、法人税や所得税といった、もろもろの税金が組み込まれているということを、まずは押さえていただければと思います。税金というものは、結局は最後の価格のなかに含まれていて、それを消費者が支払っているということです。ですから税金の増額ということは、法人税だろうが所得税だろうが、それらはすべてコストとなって、結局は最終的に消費者が負担する価格のなかに組み込まれるというわけです。税金の話は非常に複雑なので話は長くなるのですが、いちばん重要なポイントとしては、税金というものは最終的には最後の価格のなかに含まれ、消費者がそれを負担しているということです。

たとえば、ある飲料水のボトルが150円だったとしましょう。この、150円という価格の内訳を考えてみてください。ボトルの材料や、なかに入っている飲料など、飲料水のボトルには様々な費用が組み込まれていると思います。そのなかには、これをつくるために費やされた労働力を提供した労働者に支払われる収入も含まれています。非常に入り組んではいますけれども、この飲料水のボトルを買うために支払う価格のなかにも様々な収入というものが含まれていて、その収入が基本的な収入《ベーシックインカム》として他の人の生活を支えているということです。

無条件のベーシックインカムが導入された場合、この水筒の価格がほぼ同じレベルの１５０円ぐらいだとしたら、その一部分がすべての人の無条件のベーシックインカムをまかなうために使われ、他の部分がまだ残っている他の税金ですとか、これをつくった人の収入とかになるということです。

原則としてこのように考えることで、価格的に同じような構造のなかでも、その内訳というのが、一部分が無条件のベーシックインカムの財源になるということをお伝えしたいと思います。

私たちに与えられたテスト

Q２　ベーシックインカムの制度を確実にするために最も重要と思われることは何でしょうか。まず、自立した個人を確立する必要があるのではないでしょうか。そのためには、教育、特に初等教育が重要だとは思いませんか？

シュミット　ベーシックインカムより先に私たち個人が自立しなければならないということだとしたら、それは違うと思います。なぜそのように思うかといいますと、「初等教育、教育制度を何とかしなくては」ではなく、まず無条件のベーシックインカムについて議論し、このアイデアこそが皆さん自身を教育することになると思うからです。ここが大事な点です。

したがいまして、「ベーシックインカムを実現するために教育を何とかしなくては」ではなく、この無条件のベーシックインカムこそが、いい大学を出て、いい会社に入って、そこでハムスターのようにがむしゃらに働くとか、学歴社会を生き延びるために親が子どもによい教育を与えるとか、そのような束縛から私たちが自由になれる、無条件のベーシックインカムというものをこのように考えること、このアイデアによって自由になることが大切だと思います。

たしかに、個々人が強くなって、自分で考えるということは大切です。でも、その話をするときに、他の人、社会ではなくて、まず皆さん自分自身がこの無条件のベーシックインカムについて考えて判断する、議論するところから強くなっていただきたいと思います。それが真の教育だと思います。皆さん自身を教育する、強くするためのテストとしてこれを提案したいと思います。この、ユートピア的と言われている無条件ベーシックインカムの考え方を話したいと思ったときに、他の人に笑われるんじゃないかとか、「そもそも、こんなことは無理じゃないか」と思ってしまう、その皆さんの頭のなかでかかるストップについて、それを見極めることが皆さん自身のテストになると思います。

一つの強いアイデアが社会の仕組みを変える

Q3　無条件で私がベーシックインカムをもらえたら嬉しいですけれども、社会保障は切り下げられると思い、反対しています。日本では人びとが働かなくなるのではなくて、人びとは信頼できますが、政府がベーシックインカムを口実に社会保障、生活保護などを切り下げると思います。いちばん信用できないのは政府ではないですか。

シュミット　今の政府が信用できないというお話がありましたが、それはベーシックインカムに関係ないところにもある、現在の問題だと思います。ですから、政府が信用できないかからベーシックインカムは無理だと思うのではなく、政府が信用できないということ自体が問題だから、そこから変えていくという、まず、それが必要なことだと思います。政府や政治家を批判することはできますけれども、それだけではない。私たちがいるからこそ、今の政府があるのであり、政治家というものは私たちによって選ばれたものであるということを認識し直して、そこから変えていく、そして私たちを反映する政治家、政府にすること、そこが大切だと思います。

　無条件のベーシックインカムを導入すると社会保障制度が消えてしまうというのは、よく聞かれる話ではありますけれども、そこの論理は、私はちょっと理解しかねます。たとえばベーシックインカムによって20万円が支給されて、その金額というのが社会保障とかいろいろな保障で支払われていたものと同じ、もしくはそれをまかなえる金額であれば、社会保障がなくなるからベーシックインカムはダメだ、という話にはつながらないかと思います。

　ベーシックインカムは、文字通りベーシックインカム、つまり基本的な部分をまかなうものです。それは、他の社会保険のなかでも、そのなかの基本的《ベーシック》な部分をベーシックインカムでまかなうわけであって、たとえば障害を持っているなど、それ以上の収入や支援の必要な人たちに対しては、社会保険や社会サービスなどの制度によってまかなうということは引き続き行われるわけであって、それは現在と変わらないと思います。このような理由から、無条件のベーシックインカムを社会保障をなくす理由には使えないと思います。

もちろん、このベーシックインカムの導入を理由に、社会保障制度を崩そうという人たちがいることは確かだと思います。それだけではなく、ベーシックインカムの導入をもっと間違った、歪んだ形で使おうという人もいます。

しかしながら、無条件のベーシックインカムという考え方自体は疑う余地がないものだと私は考えます。それはもう民主主義と同じぐらい必然のものだと考えています。問題は、それをどのように実現するかで、その実現のためにどのような考え方、倫理や理解が必要なのかと。それが肝心な点なのだと思います。

［AI技術などの進展で、賃金によってすべての人の収入を保障するというモデルは立ちゆかなくなっているわけですから］無条件のベーシックインカムを導入するか否か、それが来るか来ないかというのは、もう議論の余地はなく、無条件のベーシックインカムというものは、将来、必ず来ると。問題は、それをどのような方法でよりよい社会のために実現するかという、そこの部分の議論が重要なのだと思います。

なので、ベーシックインカムが機械化とかオートメーション化とかデジタル化の結果として出てくるものではないと思います。私たちが今日の世界で持っているいろんな仕組み、たとえば銀行とかストックマーケットとか、そのようなものもすべては、まず最初に一つの強いアイデアから始まっています。それと同様に、無条件のベーシックインカムというこの強いアイデアに、私たちはどのように取り組むのか、どのような道筋で実現させていくのか、そこの部分が問題だと思っています。

さて、ここで冒頭で触れた、「スイスでのベーシックインカム国民投票はなぜ否決されたのか」というご質問に立ち返りたいと思います。国民投票で23％しか賛成がなくて否決されたということで、まるで失敗したかのように思われる方も多いのですが、私たちは、これは非常に大きな前進だったと思っています。

ベーシックインカムは、スイスの人にとっては非常に新しいアイデアでした。スイスの人たちは、もともと保守的な人たちです。ですから、この新しくて強力なアイデアは多くの人には受け入れられず、もうちょっと考えたいと、態度を保留する人が多かったことを示しています。

そのなかで、2割以上もの人が賛成したということは、非常に大きな前進だったと思います。しかも、これは単なる意見調査ではありません。政治的な、法律で決められた政治の投票において2割を超える人が賛成に投票したわけです。これは、大きな第一歩だと私は思っています。

第2章 ベーシックインカムの理念と制度

山森亮

2・1　一般的な言葉としての基本的な収入《ベーシックインカム》

第1章では、シュミットが「私たちはすでに基本的な収入《ベーシックインカム》を手にしている」と述べました（32ページを参照）。言葉の誤解を避けるために、ここでは二つのことを説明、または補足しておいたほうがよいかもしれません。

ベーシックインカムの二つの意味

第一に、ここで基本的な収入《ベーシックインカム》という言葉は、尊厳をもって生活をしていくに足る収入、あるいは日本国憲法の第25条で定められているような「健康で文化的な最低限度の生活」を営むに足る収入を指す一般的な概念として使われています。

本書の主旨である「ベーシックインカムが実現したら何をしますか？」のベーシックインカムとは、意味合いが違います。そのため第1章では、タイトルの意味でのベーシックインカムを「無条件のベーシックインカム」と呼んでいます。

英語の「ベーシック basic」は基本的な、基礎的なといった意味ですし、「インカム

income」は収入とか所得という意味ですから、生活に足る所得を何らかの形で得ている人は、基本的な収入《ベーシックインカム》を手にしていると言えるのはその通りです。

英語圏でも、本書のタイトルにあるような意味での、すなわち無条件のベーシックインカムについて知らない人にベーシックインカムの話をすると、最低賃金の話だと思われることがしばしばあります。といいますのも、多くの人は賃労働によって収入の大部分を得ているからです。そして、それが生計を支えるに足る額となることを下支えしている制度のうち、一般的によく知られたものが最低賃金制度だからです。

では、なぜ「ベーシックインカム」という言葉が本書のタイトルの意味でのベーシックインカム、すなわち無条件のベーシックインカムを意味するようになったのでしょうか。

無条件のベーシックインカムをBasic Incomeという言葉で表すことが一般化していくきっかけとなったのは、１９８４年にイギリスで「ベーシックインカム研究グループ Basic Income Research Group」（現・市民ベーシックインカム財団 Citizen's Basic Income Trust）が発足したことだと考えられています。ベーシックインカムは、すべての人に、基本的な生活費を満たすに十分な独立した所得への権利を保障するもの、とされていました。

実は、この考え方自体には長い歴史があって、２００年以上前にまで遡ることができます。[*1]

ただし、それを「ベーシックインカム」という言葉で呼ぶことが定着し出したのは、１９８０年代の半ばでした。それまでは、社会配当 social dividend だとか、保障所得 guaranteed income、普遍給付 universal grant、など、いろいろな名前で呼ばれていました。

前記のグループの発足にも影響を受けて、１９８６年には「ベーシックインカム欧州ネットワーク Basic Income European Network」（現・ベーシックインカム世界ネットワーク Basic Income Earth Network、以下、ＢＩＥＮ）が結成され、そこでも、ベーシックインカムという言葉が無条件のベーシックインカムを指す用語として選ばれました。それから30年あまり、現在では、学界ではベーシックインカムとは無条件のベーシックインカムを指す用語として定着しています。

西欧諸国と日本の違い

第1章の「私たちはすでに基本的な収入《ベーシックインカム》を手にしている」という叙述への二つ目の補足ですが、これはスイスやドイツ、イギリス、北欧諸国などを念頭に置いた話で、少なくとも日本の場合では「私たちの多くはすでに基本的な収入《ベーシックインカム》を手にしている」と言い直さなくてはなりません。

基本的な収入《ベーシックインカム》の水準をどこに置くか――たとえば月10万円なのか、それとも20万円なのか――は、後述するように意見が分かれるところですが、仮に、日本における生活保護制度のような社会扶助制度の保護基準の水準に置くとしましょう。

その場合、保護基準かそれ以上の収入を手にして暮らしている人は、基本的な収入《ベーシックインカム》を手にしていることになります。逆にいうと、保護基準以下の収入で暮らしている人が増えるにつれて、基本的な収入《ベーシックインカム》を手にしていない人が増えるということになります。

保護基準以下の収入で暮らしている人がどのくらいいるかを近似的に示す数値に、社会扶助の捕捉率というものがあります。これは、保護基準以下で暮らす人びとに占める社会扶助受給者の割合です。日本政府は現在この数値を公表していませんが、2010年に公表された（2004年の統計に基づく）データによると、15・3％です。

生活保護の要件は収入の水準だけではないので、これをもって生活保護制度が機能していないと結論づけることは一概にはできませんが、ここでの目的――基本的な収入《ベーシックインカム》を手にしていない人がどのくらいいるかの概数を知る――には足ります。

仮に捕捉率が現在でも変わっていないとすると、生活保護受給者数は2017年11月現在で約212万人ですから、約1172万人の人が基本的な収入《ベーシックインカム》を手にしていないことになります。これは、スイスの人口約８００万人を優に超える数です。したがって、ここでは第１章での「私たちはすでに基本的な収入《ベーシックインカム》を手にしている」を、「私たちの多くはすでに基本的な収入《ベーシックインカム》を手にしている」と読むことにしましょう。

２・２　理念と制度

〝条件つき〟で語られる

ベーシックインカムとは、基本的な収入《ベーシックインカム》を無条件で手にする権利であり、それを実現する制度のことです。私たちは、ある事柄に言及するとき、それが理念を指しているのか、それを具体化するための制度を指しているのか、文脈から区別して理解することができますが、ベーシックインカムをめぐる議論では、この二つがしばしば混同されることで、理解が難しくなっているようにも思います。どういうことでしょうか。

たとえば、「誰もが道を歩いていて、いきなり殺されない権利を無条件に持っている」ということは、私たちの多くは、理念として承認しているのではないでしょうか。

しかし、このことは、誰もが道を歩いていていきなり殺されたりしない状態が制度的に保障されているということではありません。残念ながら、道を歩いているだけで殺されてしまう事件や事故は枚挙にいとまがありません。また、殺されてしまう確率も、残念ながら、夜勤で働かざるを得ないかどうか、車がビュンビュン走っていて歩道のない道を歩かざるを得ないかどうかなど、その人の置かれた経済的、社会的状態などによって不平等です。

では、「誰もが道を歩いていて、いきなり殺されない権利を無条件に持っている」という理念が無意味かというと、そんなことはないでしょう。理念が共有されていて、現状があるのです。理念が共有すらされなくなってしまえば、状況はさらに悪化するのではないでしょうか。

「夜勤に行くために夜中に道を歩いているなんて……」「殺されたくなければプライベートジェットで移動すべきなのに、電車に乗って移動するなんて……」「あんな街灯の少ないところに住んでいるなんて……」――こうした理由で「殺されない権利」はないと多くの人が考えるような社会では、殺される確率は上がってしまうでしょう。ですから、理念は理念としてそれ自体、制度として100％実現していなくても重要なものです。

無条件のベーシックインカムに話を戻しますと、これは、制度として実現していないだけでなく、理念としても共有されていません。「働かざる者、食うべからず」というわけで、世界中の多くの場所で、私たちの頭のなか（＝理念）においても、基本的な収入《ベーシックインカム》は条件つきです。

2・3　制度としてのベーシックインカムの定義

BIENの定義

さて、理念としての無条件のベーシックインカムを現実に保障する制度は、どのようなものでしょうか。

先述のＢＩＥＮは現在、次のように定義しています。

> ベーシックインカムとは、すべての人に、個人単位で、資力調査や労働要件を課さずに無条件で定期的に給付されるお金である。

すなわち、ベーシックインカムには以下の５つの特徴がある。

1. **定期的**　一回限りで一括でという形ではなく、（たとえば毎月などのように）規則的に支払われる。

2. **現金給付**　給付を受けた人がそれを何に使うかを決められるように、適切な交換手段で支払われる。したがって食料やサービスなどのような現物での給付ではないし、使用目的が定められたバウチャーでの給付でもない。

3. **個人**　個人単位で支払われる。したがって、たとえば世帯単位ではない。

4. **普遍的**　資力調査なしに、すべての人に支払われる。

5. **無条件**　働くことや、働く意思を表示することを要件とはせず、支払われる。

基本的必要《ベーシックニーズ》とベーシックインカム

注意深い読者は気づかれたかもしれませんが、本書でこれまで話してきたベーシックインカムで当然視されてきたことが、この定義には入っていません。第1章では、ベーシックインカムは「個人が生活していくのに必要な収入」であると述べられていました（31ページを参照）。ところが、この定義では、そうした額についての記述はすっぽり抜けています。これはいったいどういうことでしょうか。

理念としてのベーシックインカムには200年あまりの歴史がありますが、ほとんどの場合、ベーシックインカムの「収入《インカム》」とは、「個人が生活していくのに必要な収入」を指すものと考えられてきました。

前述のイギリスの研究団体「ベーシックインカム研究グループ」も、1984年の発足当初は、「基本的な生計維持」に足る収入を保障するものとしてベーシックインカムを定義していましたし、BIENの発足のもととなった国際会合の呼びかけ人で、国際的なベーシックインカム研究の中心人物の一人でもある哲学者のフィリップ・ヴァン・パリースは、1980年代の論文では、ベーシックインカムは人が生活していく上での基本的必要を満たすものと考えていました。

ところが、BIENは発足当初から、いったいベーシックインカムの基本的な収入《ベーシックインカム》がどのくらいの水準なのかについて、定義のなかでは言及を避けてきました。その事情をヴァン・パリースは「部分的なベーシックインカムの様々なオルターナティブの探求に優先的に取り組もうとする現実主義者」が多かったからだと振り返っています。[*2]

このエピソードは、二つのことを教えてくれています。第一に、ベーシックインカムの水準がBIENの定義に含まれなかった理由は、定義や理念に内在的なものではなく、研究の優先順位や運動の方向性をめぐる戦略的なものだったということです。

第二に、「部分的なベーシックインカム」という言い方から明らかなように、「完全な」ベーシックインカムは、その水準は、生計維持なのか、文化的な生活なのかはともかくとして、一定の水準以上であることが暗黙のうちに前提されているということです。

ベーシックインカムについては、しばしば「完全ベーシックインカム」と「部分ベーシックインカム」という区別がなされます。これは、理念としてのベーシックインカムは、最低限度のものなのか、それともそれ以上のものなのか、一定の水準の収入を保障するものと考えられる一方で、制度としてのベーシックインカムとしては、その水準を満たす「完全な」ものも、満たさない「部分的な」ものも、その両方をベーシックインカムとして考える立場だと整理することができます。

ベーシックインカムとベーシックインカム的制度

また、ベーシックインカムの前述の定義の一部を欠くような制度や政策を、「ベーシックインカム的」と表現することもあります。そのような政策として、子どもを養育している人であれば、すべての人が普遍的に給付を受けることができる仕組みとしての児童給付、高齢者であれば、誰もが一定額の給付を受けることができる仕組みとしての年金、社会への何らかの貢献を条件として給付される参加所得と呼ばれる構想、あるいは世帯単位の負の所得税と呼ばれる構想や、給付つき税額控除と呼ばれる仕組みなどが挙げられます。[*3]

ベーシックインカムの水準

ただ、このようなＢＩＥＮの定義における水準規定の不在は、様々な不満を巻き起こしてきたことは事実です。２０１６年のＢＩＥＮ大会では、定義の明確化を求める複数の動議が出され、解決のためにベーシックインカムの定義について話し合うワークショップが持たれました。

筆者はその座長を務めたのですが、出席者の間では、水準規定を含める声が多数を占めました。出席できないメンバーから、水準規定を含めることへの強い懸念の声が事前に届いていたこともあり、皆で話し合って、定義そのものに水準規定は入れないことになりました。この話し合いの結果、合意に達し、承認された定義が先述のものです。

その上で、水準などをめぐって、定義そのものには含めないものの、以下の文言が動議として出され、採択されました。

BIEN今大会に参加している私たち多数は、以下の形のベーシックインカムを支持する。すなわち、給付される水準や頻度は一定で、その水準は、他の様々な社会サービスと結びつくことによって、物質的貧困を根絶する政策戦略の一部となり、かつすべての個人の社会的文化的参加を可能にするに十分に高いものである。「ベーシックインカムの導入と引き換えに」社会サービスや権利を削減することには、もしそのような削減が、相対的に不利益な状態に置かれている人びと、脆弱な状態に置かれている人びと、低所得の人びとの状況を悪化させる場合には、反対する。[*4]

「水準や頻度は一定」とは、昨年はひと月10万円だったけれど、今年はひと月3万円といったように額が変動したり、昨年は毎月支給されたけれど、今年は3ヶ月に1回といったように給付のインターバルが変わったりしない、ということです。

「他の様々な社会サービスと結びつくことによって」という部分ですが、水準を語る場合に重要なのは、市場に労働力を売ることができなくても生活ができるということであり、それはベーシックインカムだけで達成される必要はなく、様々な社会サービスと結びついて達成されればよいということです。

たとえば家賃に8万円かかる社会で、それをもまかなえるようなベーシックインカムの給付だけが選択肢ではなく、たとえば家賃1万円の公営住宅などの社会的住宅を供給することとセットで行うことも選択肢に入るわけです。あるいは、医療や保育、教育に多額のお金がかかる状態でそれに見合うベーシックインカムを給付することだけが選択肢ではなく、それらが無料になるような社会サービスを充実することとセットでベーシックインカムを考えることも選択肢に入るということです。（基本的には意見をまとめるために私見は挟まず黒子に徹していましたが）ここは、座長としてこだわったところです。

「物質的貧困を根絶する……かつすべての個人の社会的文化的参加を可能にする……」という箇所は、ベーシックインカムが（他の社会サービスとセットで）保障すべきなのは、第一に貧困に陥らないで生活できるようにすることです。そして第二に、それだけではなく、社会的、文化的活動を行える余裕がある生活も保障しなくてはならないということです。

日本では、しばしばベーシックインカムは既存の社会保障や社会サービスをすべて置き換えるものだという議論が聞かれます。英語圏、ドイツ語圏、フランス語圏などでは、負の所得税などについてはともかく、ベーシックインカムについてそのような議論はあまりありませんでした。しかし、この数年の間に政治の表舞台に出てくるようになって、似たような議論も耳にするようになりました。「社会サービスや権利を削減することには……反対する」という一文には、そうした議論への懸念が示されています。

2・4　ベーシックインカムの「財源」

ミスリーディングな問いの立て方

本章の直前のコラムで、「ベーシックインカムの財源」について、シュミットの考えが触れられています。また、第二部の第4章では、その哲学的背景にも触れられています。

筆者自身は「ベーシックインカムの財源」という問いの立て方はミスリーディングだと考えています。その理由は主に二つあります。第一に、財政学では、「ノン・アフェクタシオンの原則」といって、特定の税と特定の支出を関連づけることは、望ましいことではないとされているからです。[*5] お金には通常、色がないように、税収に色はついていない場合の方が多いのです。[*6] たとえば、「総選挙の費用は消費税でまかなうべきか、所得税でまかなうべきか」「戦闘機購入の財源は、法人税をあてるべきか」「霞が関の官僚への給料支払いは、酒税の税収の範囲内でまかなうべきだ」といった言説を思い浮かべてほしいと思います。こうした言説は、あまり耳にしないのではないでしょうか。

第二に、にもかかわらず、特定の政策の財源を問うということがなされる場合は、圧倒的に、社会保障をめぐるケースです。「消費税で社会保障をまかなう」といったような言説が典型的です。では、なぜ、ある支出には財源が問われないのに、別の支出には財源が問われるのか、そのこと自体を問い直す必要があるように思います。

とはいえ、前節で触れた、BIENで採択された動議のような水準で、ベーシックインカムを導入するなり、あるいはベーシックインカムの導入と同時に社会サービスの充実を図ろうとするならば、既存の税率ないし税収構造を大きく変更するか、あるいは税収に頼らない給付の方法を導入することが不可避です。このことについて、次に、それぞれ簡単に触れておきたいと思います。

税収構造の変更

まず、前者の「既存の税率ないし税収構造を大きく変更する」についてですが、これについては様々な提案があります。

前のコラムで述べられたシュミットの提案は、税収構造を、消費税や付加価値税などの支出税に一本化するというものです。その理由は第一に哲学的なもので、所得税や法人税は価値を生み出す際に税をかけるものです。そのため、この方法では価値を生み出すインセンティブにマイナスの影響を与えるので、むしろ価値を消費するときに課税すべきだというものです。この点は、第二部の第4章でも触れられます。

第二に、所得税であれ、法人税であれ、どのような形の課税をしたとしても、最終的には消費者が負担しているというのがシュミットの主張です。経済学では「税の帰着」と呼ばれる問題です。筆者自身はシュミットとは異なる見解を持っていますが、ここでは立ち入りません。

次に、シュミットの提案を離れて、様々になされているベーシックインカムのある社会を可能にする税収構造の変更の提案を駆け足で見ておきましょう。

最もよく聞かれるのは、定率所得税の導入です。たとえば、約50%の定率所得税を導入すれば、月8万円程度のベーシックインカムの支給が可能だというような試算があります。イギリスの緑の党や、前述の市民ベーシックインカム財団（Citizen's Basic Income Trust）なども、（法人税や付加価値税などは現行のままで）現行の累進所得税を定率所得税に変更するという税収構造の変更を提案しています。

そのほかには、所得税の累進度の強化、環境税やトービン税といった新しい税の導入など、多様な提案があります。

ただ、いずれの提案も、今より税負担が（少なくとも表面的には）重くなる形のものです。[*7] これらの提案に対してよくなされる質問は、「そんなことは可能なのか」というものです。たとえば日本では、過去数十年にわたって、増税を掲げて選挙で議席を増やした政党はなかったように記憶しています。

貨幣・銀行制度の変更

さらに、日本の財政赤字がこれだけ累積しているなかで、仮に増税できたとしても、それは財政赤字解消に用いるべきで、大きな支出を要する新しい政策の導入の余地はないという声もあるでしょう。

その声には、一理あります。ただ、政策的に無理なのは、ベーシックインカムの導入だけでしょうか？　憲法に書かれている、ほかの様々な権利はどうでしょうか？　そもそも、既存の制度やインフラを維持していくこと自体、可能なのでしょうか？　プライマリーバランスの収支を整えるということではなくて、累積している財政赤字を解消できる、現実的な見通しはあるのでしょうか？　見通しとして示されるシミュレーションで仮定されている成長率などは、本当に達成できるものなのでしょうか？　仮定されている成長率をなんとか達成できたとしても、そのために払う「社会的費用」を考えた場合、それは望ましいものなのでしょうか？[*8]

１９２９年の大恐慌や２００８年の世界金融危機から私たちが学んだことは、危機が発生した場合、その危機から抜け出すための方策は、現行の貨幣・銀行制度のもとでは財政赤字を拡大しがちだということです。どちらの危機においても、信用が極端に収縮しました。このとき、信用が極端に収縮したのはなぜでしょうか。

現行の貨幣・銀行制度を簡単に振り返っておくと、私たちが使っている通貨はほとんどの国で、政府なり中央銀行にのみ発行権があります。たとえば日本の場合、紙幣は中央銀行である日本銀行が、硬貨は造幣局が発行しています。もし、筆者やあなたが１万円札をつくって流通させたら、それは現行法のもとでは犯罪とされています。

では、貨幣をつくっているのは、政府や中央銀行だけなのでしょうか。実は、民間の銀行も貨幣をつくりだしています。銀行は、預かっているお金の何倍ものお金を貸し出すことができるのです。

銀行は、預かったお金の何倍までを貸し出せるのでしょうか。言い方を換えると、銀行は、貸し出したお金に対してどのくらいの割合を手元に置いておく必要があるのでしょうか。

これについては、多くの国で規制があります。このような規制を「準備預金制度」といい、日本の場合、現在０・０５％～１・３％です。仮に１％だとすれば、あなたが預けた１万円の預金を元手に、銀行は誰かに１００万円を貸しつけることができます。つまり、銀行が融資をすることで、経済に流通する貨幣が増えていきます。この過程を経済用語では「信用創造」といいますが、英語ではMoney Creationなので、直訳すれば「貨幣創造」となります。いったん危機が始まって経済活動が冷え込むと、経済に流通する貨幣の量は一気に減り、信用創造とは逆に信用収縮が起こるのです。

先の金融危機では、二つの対策がとられました。一つは、中央銀行による量的金融緩和策です。民間銀行などから国債などを買うことで、民間銀行が融資できる額を大きくし、貨幣流通量を確保しようとするわけです。もう一つは、政府による財政支出の拡大です。公共事業など様々な経済刺激策を行うことで、企業などが事業を始めたり拡大することを支援するのです。銀行による融資が増えれば再び信用創造が起こり、貨幣の流通量が増えることになります。

いずれも、現行の貨幣・銀行システムのもとでは、少なくとも短期の緊急対応としては正しい選択である場合も多いでしょう。ただ、長期的に見た場合、いずれも財政赤字を増やしがちです。前者の量的金融緩和策が、政府が国債を大量に発行することによって支えられているような場合には、政府が借金を増やしていることになります。後者の財政支出の拡大も、税収が落ち込んでいるときに支出を増やすわけですから、必ずではないものの、多くの場合、歳入を超えた歳出をする形となり、赤字が増えていくことになります。

もちろん、好景気のときに歳入超過を維持し、これらの借金を返せればいいのですが、とりわけ民主主義社会では、そのようにうまくいかない場合が多いといわれてます。実際、いまの日本などはそうした隘路《あいろ》にはまり込んでいるようにも思われます。

1929年の大恐慌の後には、そもそも民間銀行が信用創造するような現行の貨幣・銀行システムを変えるべきではないかという提案がされています。これは、「完全準備金制度」とか「100%準備金制度」と呼ばれる提案です。つまり、先ほど述べた準備金の率を100%まで引き上げるという提案です。この場合、民間銀行は信用創造ができませんから、信用収縮も起こらないわけです。

この考え方は19世紀前半のイギリスの経済学者デイビッド・リカード（David Ricardo, 1772 - 1823）にまで遡りますが、20世紀前半には、貨幣制度のあり方に疑問を抱いたオックスフォード大学の化学者フレデリック・ソディ（Frederick Soddy, 1877 - 1956）によって、具体的な改革案として提唱されます。そして１９２９年の大恐慌時に、シカゴ大学のフランク・ナイト（Frank Knight, 1885 - 1972）ら８人の経済学者によって「シカゴプラン」として練り上げられ、１９３３年に政府高官に提案されます。また、イェール大学の経済学者アービング・フィッシャー（Irving Fisher, 1867 - 1947）も１９３５年に同様の提案をしています。[*9]

その後も、ミルトン・フリードマン（Milton Friedman, 1912 - 2006）やジェイムズ・トービン（James Tobin, 1918 - 2002）、ハイマン・ミンスキー（Hyman Minsky, 1919 - 1996）など、著名な経済学者がこの提案を支持してきましたし、今回の金融危機後にも、この提案は一定の注目を集めました。

こうした提案のもとでは、政府なり中央銀行（あるいは新たな公的機関）が流通に必要な分だけ貨幣を発行することになります。こうして発行された貨幣を、ベーシックインカムとして給付したらよいのではないかという考え方があるのです。イギリスでは、その考え方を普及ぼさせるために活動しているNPOもあります。著名なところでは、アデア・ターナー（Adair Turner, 1955 -）元英金融サービス機構長官が、この方法による部分的なベーシックインカムの導入について好意的に論じたりしています。[*10]

2・5　ベーシックインカム給付実験

ベーシックインカムないしベーシックインカム的な制度の給付実験は、1960～70年代にいくつか行われました。2000年代に入ると、いくつかの発展途上国で給付実験を行う動きが見られますが、ここ数年では先進国でも同様の動きがあります。とりわけ、フィンランドの動きは一部英字紙でベーシックインカムそのものの導入との誤報が出たこともあって、スイスでの国民投票と並び、ベーシックインカムへの関心を世界規模で大きく高めました。この節では、各国における給付実験の動きを簡単に概観しておきたいと思います。

1968年～1980年：北米での実験[*11]

1968年から1980年にかけて、北米で5つの給付実験が行われました。いずれも負の所得税の実験ですので、ベーシックインカムそのものではなくて、ベーシックインカム的な制度についての実験です。

貧困世帯を実験の対象として選び、それをいくつかのグループにランダムに分け、そのそれぞれに、貧困線の約50%から約１５０％の間で差異化された額を給付するというものです。給付された世帯は、５つの実験を合わせると１万世帯ほどです。

アメリカ合州国では、研究者たちが実験後のデータを解析している間に政治状況が変わり、ベーシックインカムを政策として導入する政治的可能性は途絶えてしまいました。一方、カナダでは、データが解析される前に政府がベーシックインカムに対する興味を失ってしまい、実験は中止されてしまいました。そのデータの多くは、２０１０年にある研究者によって発見されるまで、段ボール箱に入れられて保管されたまま忘れ去られていました。カナダの実験では、参加者の健康に改善が見られたと言われています[*12]。

いずれの実験でも明らかになったのは、「まったく働かなくなる人が大量に出現する」ようなことはなかったということです（このことは、もちろん、実際にベーシックインカムを導入したときにそういう可能性がないことを保証するものではありません）。

2008年〜現在：発展途上国での実験[*13]

今世紀に入って、発展途上国でも給付実験が行われました。2008年から2年間、アフリカ南西部に位置するナミビアのオティヴェロで、約930人を対象に毎月100ナミビア・ドルが給付されました。実験終了後も、2年あまりにわたって80ナミビア・ドルが給付されました。この実験は、主にドイツの教会からの寄付金によって行われました。

ブラジルでも、同年からサンパウロ州の小さな農村コミュニティで、約100人を対象に毎月30ヘアイス（ブラジルの通貨）が給付されました。現在では給付規模を約20人に縮小し、40ヘアイスを給付しています。現在の予定では、その約20人に対しては、終身給付し続けることになっています。これは、数人で立ち上げたNPOが自分たちの私財を投げうって始めたものです。

2011年には、インドで約6000人を対象に300ルピーを1年半給付する実験が行われました。これは、農村の女性たちを組織する労働組合SEWA（Self Employed Women's Association）が、ユニセフから助成金を得て可能になったものです。

これらが1970年代の実験と異なるのは、第一に、対象となったコミュニティでは、全員が給付を受けることができることです（ブラジルの場合は当初の数年間）。第二に、いずれも個人単位であることとです。第三に、いずれの場合も、１９７０年代の実験に比べると、生活水準の違いを差し引いてもかなり低額の給付となっていることです。第四に、いずれも、政府によるものではないということです。これらのうち、第一、第二の点は、ＢＩＥＮによるベーシックインカムの定義とも整合的だといえます。

いずれの実験でも、１９７０年代の実験と同様、「まったく働かなくなる人が大量に出現する」ということはありませんでした。ただ、こちらの実験ではかなり低額の給付でしたので、この結果は当たり前といえば当たり前です。

そして、実験を主導した人たちの予想を超えて三つの実験すべてに共通して見られたのは、「啓蒙効果」とでも呼べる効果です。低額の給付にもかかわらず、コミュニティの意思決定への関わり、家庭内での女性の発言力の増加、短期的な経済活動から中・長期的な経済活動への重心の移行などが見られたのです。

２０１７年～現在：ヨーロッパでの実験[*14]

２０１０年代に入って、ヨーロッパでもベーシックインカム給付実験への機運が高まりました。実際フィンランドでは、２０１７年１月より、２年の予定で給付実験が開始されました。当初の案では、国民全体からランダムに給付対象者を選ぶものでしたが、最終的に失業手当受給者のなかからランダムに選ぶ形となりました。約２０００人が月額５６０ユーロの給付を受けています（２０１８年10月現在）。

また、オランダのユトレヒトなど４都市が、福祉制度の受給者を対象に、ベーシックインカム的制度の給付実験を行う意向を表明し、中央政府と協議を行っています。そのほか、イギリスのグラスゴー、スペインのバルセロナなど、いくつかの都市でも同様の実験に向けた動きがあります。

フィンランドの実験をめぐっては、二度も誤報が世界を駆け巡りました。最初は、２０１５年に政府が給付実験を行う意思を表明したときです。同年12月、歴史ある英字紙が、「フィンランドでベーシックインカム導入へ」という誤報を打ち、いくつものメディアが追随しました。

二回目は、２０１８年４月、今度は給付実験が中止されることとなったというニュースが世界中を駆けめぐりました。一部のメディアは、「急に中止することとなった」（BBC News, 4.23, 検索用見出し）、「まったく失敗に終わった」（Business Insider Nordic, 4.19）、「スクラップにする」(Sky News, 4.24)、「失敗したベーシックインカム給付実験」(Orlando Sentinel, 4.24)、「機能しなかった」(USA Today, 4.25)、「なぜ失敗したのか」(i news, 4.25) など、センセーショナルな見出しを掲げていました。

しかし、当初の計画通り、実験は2年間まるまる行われる予定です(2018年10月現在)。実験の実務を管轄している政府行政機関のフィンランド社会保険庁は、メディアの「事実に反した報道」に苦言を呈しています (KELA 4.25 づけプレスリリース)。

ただ、「火のないところに煙は立たない」ともいいます。この場合、「火」とは何でしょうか。一つには、フィンランド社会保険庁は連立政権に実験の延長を提案したが、連立政権は承認しなかったということでした。

もう一つは、現在のフィンランドの政権がベーシックインカムへ向けて前へ進もうという方向に向かっているかというと、そうではないということです。

ただ、これは一連の報道より半年近く前の、2017年の秋の時点ですでに明らかになっていたことでした。2017年の秋、フィンランド政府は失業手当給付について、求職に向けた活動実績などの要件を、2018年の1月から厳しくすることを発表しています。この決定には10万人を超える反対署名が提出されるなど、多くの批判が集まりましたが、予定通り導入されています。

連立政権はこの新しい方針を「アクティベーション・モデル」と呼んでいますが、失業者を「飴」と「鞭」で就労復帰させることを政策目標の中心に据える考え方であるアクティベーションは（失業者を主に「鞭」で就労復帰させようとするワークフェアと並んで）、ベーシックインカムとは正反対の方向を向いていると一般に考えられています。

いずれの決定も、実験で思うような結果が得られなかったからとか、失敗に終わったからとかいうことではまったくありません。実験の効果については実験終了後にフィンランド社会保険庁が分析することになっていて、現時点では何の分析も始まっていないのです。

今回の実験の詳細を政府が発表した2016年8月25日、筆者はフィンランドの地方都市トゥルクで、ベーシックインカムのワークショップに参加していました。翌日以降、トゥルクと首都ヘルシンキで、政府担当者のほか、長年ベーシックインカムを提唱してきた研究者、議員、活動家などに取材をしました。

印象的だったのは、政府担当者を除いて、いずれも落胆ないし醒めた眼差しを実験に対して向けていたことです。数日後に世界各地のメディアがセンセーショナルな見出しで報じたのとは、とても対象的でした。

　では、なぜ、長年ベーシックインカムを求めていた人たちは実験に当初から懐疑的だったのでしょうか。一番の理由は、実験対象者が失業手当受給者のみに絞られ、提唱者たちがベーシックインカムの理念と考えることと、政府の考えが正反対のところにあることが明らかとなったからです。

　もともと今回の給付実験は、2015年春の総選挙で、中央党の選挙公約に実験の実施が掲げられたことに端を発していました。選挙後、中央党は、他の二つの保守政党と連立を組むことになり、実験は連立政権によって認められました。政権は前述の社会保険庁内に、研究者などからなる実験の青写真を描くためのワーキンググループを同年秋に設置しました。ワーキンググループは、2016年3月に実験の具体的な青写真を提言する暫定報告書を提出しました。

　前述の2016年8月の政府の決定は、月560ユーロという給付額こそ、ワーキンググループの提言に沿ったものでしたが、一点、根本的なところで提言をひっくり返すものでした。すなわち、実験の対象者を抽出する母集団を、稼働年齢層全体ではなく、失業手当受給者に限定したことです。

　ワーキンググループは同年10月に公表した暫定報告書の英語要約版のあとがきで、「暫定報告書で提案した最適な実験案と比べて、政府案は焦点と範囲がかなり限られてしまっており、多くの人にひどい失望をもたらした」と言及しています。

フィンランドで長年ベーシックインカムを提唱してきた人たちは、ベーシックインカムによって、人びとが狭義の雇用につくことに縛られがちな状況から解放されることを目標の一つにしてきました。生活費を稼ぐことに全精力を使い果たすのではなく、当座の生活費を心配したり、失敗に怯《おび》えることなく、長期的な視野で、自分が社会にどのような貢献ができるのかを考え、自分を活かせる活動を行える社会を可能にすることを目指していたのです。

これに対して連立政権による実験は、失業者を狭義の雇用に押し込むことに主眼を置いていることが明らかになったのです。

2018年現在の現地の声をいくつか紹介しましょう。給付実験の青写真を描いたKELAのワーキンググループのメンバーだったヴィラベッコ・プルカは「政府はこれまでも決してベーシックインカムの理念に肩入れをしてこなかった。いわゆる『アクティブ・モデル』ばかりを強調してきた。フィンランドの所得保障は、いまでは実験前より条件のきついものになってしまっている」と語っています。

ベーシックインカムを綱領に掲げる海賊党の政治家ペトルス・ペナネンは、「実験は最初からフェイクだった。政府チーフ経済アドバイザーのマーティ・ヘテマキはベーシックインカムを何だか分かっていない上に、人びとを怠け者にすると考えている」と手厳しく批判しています。同党の前党首だったタパニ・カービネンも「実験は失敗するよう仕組まれていた」と同調する一方、「(ベーシックインカムについての) 公共の議論を喚起する効果があった」ことも指摘しています。

半世紀近くにわたってベーシックインカムを提唱してきたオーボ・アカデミー大学名誉教授のヤンオット・アンダソンも、現在の政府の方向性には疑義を持ちつつも、政府が実験を行ったことのポジティブな帰結として、社会民主主義者の間での態度の変化を挙げ、次のように語っています。

「(現在野党の) 社会民主党は、これまでベーシックインカムに批判的だったけれども、今ではベーシックインカムや、それに類似した負の所得税などのシステムへ現行の制度を改革していくことに大きな関心を持つようになっている。(２０１９年の総選挙後の) 次の政府が正しい方向へ歩むことを期待したい」

ベーシックインカム・フィンランド・ネットワーク元代表のオット・レヒトは、「政府はそもそも最初から小規模の実験だけを行う予定で、(期間を延長したり給付額や対象を増やすなどの）実験の拡張には一貫して否定的だった」と振り返っています。

フィンランドでのベーシックインカムをめぐる状況と、それについてのメディアの報じ方を振り返って、私たちが学べることは何でしょうか。

2016年8月末にフィンランド緑の党所属の欧州議会議員ハイディ・ハウタラが、筆者の取材に対して、政府の実験案の問題点を指摘した後で、「私たちがこの経験から何を学べるかが大事だ」と述べたことを、いま思い出しています。

2・6　AI技術・ケインズの予言・アンペイドワーク[*15]

世界的に脚光を浴びる文脈

この数年、ベーシックインカムをめぐる世界の関心は、それ以前の数十年と比べると飛躍的に高まっています。2018年9月には、国連事務総長が、国連総会でベーシックインカムの必要性に言及しました。[*16] NHKも、国内での報道はともかく、スイス・ダボスで毎年開かれている世界経済フォーラムでは、2017年、18年と続けてベーシックインカムに肯定的に言及するシンポジウムを主催しています。二十数年前にベーシックインカムの理念について話すと、左右を問わず周囲から変人扱いされたことを思い起こすと、隔世の感があります。

こうした関心の高まりは、もちろんシュミットたちのスイスでの運動の成果として国民投票が行われたり、前節で紹介したようなフィンランドなどでの実験をめぐる報道などにも影響を受けているでしょう。

しかし、それだけでは説明がつかないようにも思います。関心の高まりの背景にあるのは、なんといっても「人工知能（AI）関連技術などの進展によって、多くの職がなくなってしまうのではないか」という見通しや不安でしょう。

今から200年前のイギリスでは、ラッダイト運動と呼ばれる職人や労働者たちによる機械破壊の動きが相次ぎました。彼らは、機械に仕事を奪われると恐れていました。どうやら今の私たちは、200年前の彼らを笑える立場にないようです。技術革新により職が奪われるのではないかという恐怖は、今日の私たちのものでもあります。

人工知能技術などの革新的な技術発展により、今ある仕事の半分近くは数十年のうちになくなるとの研究もあります。[*17] マイクロソフト創業者のビル・ゲイツは、職の減少の社会的コストを減らすため、ロボット税の導入を提唱しています。他方、技術革新による職の減少は不可逆的だから、賃金とは別の所得保障の仕組みが必要だとの考えもあります。ベーシックインカムがこの数年、世界的に脚光を浴びているのは、この文脈においてです。

ケインズの予言が外れた理由

そもそも、技術革新は本当に職を減らすのでしょうか。技術革新が職を減らすことを「技術的失業」との言葉で概念化したのはイギリスの経済学者、ジョン・メイナード・ケインズ(John Maynard Keynes, 1883 - 1946)でした。1930年に発表した小論「孫の世代の経済的可能性」で、技術革新が進んで社会的に必要な労働量が激減すれば、2030年までに一人当たり週15時間の労働で済むようになると予想しました。

2030年までまだ少し時間がありますが、私たちは、もう、ケインズの予言の当否を論じられる位置にいるでしょう。予言にはいくつかの前提条件があり、一概に外れたと言うと公正さを欠きます。しかし、この予言は長時間労働に苦しむ今の私たちに、何とも虚《うつ》ろに響きます。ケインズの予言は、なぜ「外れた」のでしょうか。

ケインズは、いわゆる「職」と社会的に必要な労働とを同一視していました。しかし、社会的に必要な労働は必ずしも「職」になっていません。家庭内での家事、育児、介護などの膨大なアンペイドワーク（賃金が支払われない労働）、地域のボランティア活動などは、社会的に必要な労働ですが、多くの場合「職」ではありません。

また、「職」のすべてが社会的に必要な労働でもないでしょう。社会的に必要な労働がすべて現実に誰かに担われているわけでもありません。

つまり、労働には、①社会的に必要な労働を行う職、②社会的に不必要な労働を行う職、③社会的に必要な労働を行うアンペイドワーク、④社会的に不必要な労働を行うアンペイドワーク、⑤社会的に必要な労働だが誰にも担われていないもの、の五つのカテゴリーがあるわけです。

そして、そのどれも、その量は技術によって一義的に決まるのではなくて、社会的に決まります。たとえば洗濯機が普及しても、社会が要請する衣服の清潔さの度合いが変われば、家事に必要な時間はそれほど減らないのです。原発が一基爆発すれば、その後処理のために、社会的に必要な労働量は向こう10万年にわたって膨大に増えるでしょう。

社会的に必要な労働とは何か、それをどう分担すべきかについて、ベーシックインカムを主張しながら問題を提起したのは、１９７０年代イギリスの労働者階級の女性解放運動でした。彼女たちは、ベーシックインカムによって人びとが社会的に必要なアンペイドワークに従事できるようになり、他方で、社会的に不必要な職に就くことを強いられないで済むようになると考えました。[*18]

話をケインズに戻しましょう。彼は予言の先に、夢を描いていました。人びとが経済的な必要から解放されることで、貪欲や金銭欲を賞賛するような「偽りの道徳原則」から自由になれる社会が訪れると考えたのです。

イギリスの女性たちの運動、そしてシュミットらによるスイスでの運動も、このケインズの夢を実現させる道筋の一つだと、筆者は考えています。

1 詳細は山森２００９参照。
2 ヴァン・パリースとの個人的通信による。
3 いずれも詳しくは山森２００９参照。
4 https://basicincome.org/news/2016/10/international-biens-clarification-ubi
5 神野２００７、植田・諸富２０１６など参照。
6 実際には、２００９年まで道路特定財源として使われたガソリン税など、特定の税と特定の支出を関連づける「目的税」や「特別会計」は日本をはじめ多くの国で存在している。これらはノン・アフェクタシオンの原則からは、原則として望ましくないとされ、その設置や運用には慎重な判断が要請される（植田・諸富２０１６）。
7 「表面的には」というのは、税率が上がっても、ベーシックインカムが支給されるため、税と給付（という「負の」税）を差し引きすると、実際の負担はそれほど変わらない可能性が高いということを指す。シュミットは「変わらない」という議論をしている。ただしこれは、人口の大多数が事実上ベーシックインカム相当の収入をなんらかの形で得ている社会ではその通りだが、生活保護の捕捉率も低く、保護基準以下で生活せざるを得ない人びとがそれなりの数にのぼる社会では、「表面的に」見えるほどではないにせよ、負担が「変わらない」というわけにはいかないだろう。
8 「社会的費用」は制度派経済学者、そして環境経済学者として知られるカール・ウィリアム・カップによって唱えられた概念。詳しくはカップ１９７５参照。
9 シカゴプランについて、山口２０１５が詳しい。
10 ターナー２０１６。
11 この項目はカール・ワイダークイストとの長年にわたる会話のなかで受けた教示と、Widerquist2005、Forget 2011、ならびにBIEN News Editorとしての業務のなかで得た知見に主に依拠している。

12 Forget, 2011.

13 本項目はそれぞれ以下に基づいている。ナミビアについては、実験の中心にいたカミータ主教や、早くから実験に注目されていた牧野久美子さん、岡野内正さんに２０１０年にご教示いただいたこと、および牧野２０１３、岡野内ほか２０１６。ブラジルについては、運動の中心にいるマルクス・ブランカグリオネとブルーナ・アウグストに、２０１０年に現地を訪問したり、二人を日本に招いた折や、その後折に触れてご教示いただいたこと。インドについては、給付実験の研究ディレクターだったサラット・ダバラさんに２０１６年にご教示いただいたこと。

14 この項目の内容は、これまでのＢＩＥＮの News Editor としての取材に基づいており、またその内容の一部は過去数年英語や日本語でのメディアへの寄稿と重複している。

15 この節は、２０１６年にソウルで開かれたＢＩＥＮ30周年記念大会での筆者によるキーノート・スピーチに基づいている。その後のメディアへの寄稿とも一部重複している。

16 https://basicincome.org/news/2018/09/un-secretary-general-endorses-ubi/

17 Frey and Osborne, 2013.

18 彼女たちの運動の詳細は Yamamori, 2014 参照。

第二部

未来社会とベーシックインカム

ドイツの児童文学作家ミヒャエル・エンデ（Michael Ende, 1929 - 1995）に、『モモ』という作品があります（エンデ1973）。

モモという名の他所《よそ》からやってきた少女が、廃墟となった屋外劇場に住み着きます。地域の人たちは、彼女を温かく迎え入れ、交流が始まります。ところが、たくさんの「時間泥棒」が、地域の人たちに、時間を無駄にするな、効率的に使えと働きかけるようになります。

そして、人びとの時間が時間泥棒に盗まれるようになると、地域の人びとの生活は一変して、余裕のないギスギスしたものとなり、モモと遊んでくれる人もいなくなっていきます。時間泥棒の存在に気づいたモモの友人は、精神病院に送られてしまいます。モモを危険視する時間泥棒たちによって、モモも危機に陥ります。それでもモモは、最終的には時間泥棒たちとの闘いに勝利して、盗まれた時間を人びとに戻すことに成功し、もとのゆったりとした時間の流れたコミュニティが復活します。

モモと街の人びとが緩やかに結びつくことを可能にしたのは、第一に、ゆったりした時間の流れ、第二に、開かれた空間としての共有地（コモンズ）――作品のなかでは屋外劇場の廃墟の存在でしょう。こうした緩やかな人の繋がりとベーシックインカムという考え方の関係が、第二部のテーマです。

第3章

時間泥棒から盗まれた時間を取り返すことができたら

山森亮

3・1　時間とお金

現代の経済のあり方に警鐘を鳴らす

『モモ』の著者ミヒャエル・エンデは、現代の経済のあり方に警鐘を鳴らしていました。１９９４年、ドイツのミュンヘンにあるエンデの自宅を訪れたＮＨＫのプロデューサーに、エンデは次のように言います。

どう考えてもおかしいのは資本主義体制下の金融システムではないでしょうか。人間が生きていくことのすべて、つまり個人の価値観から世界像まで、経済活動と結びつかないものはありません。問題の根源はお金にあるのです[*1]。

人間は有限の存在で、いつかは死を迎えます。ほとんどの財もまた、時間とともに劣化し、価値を減じていきます。ところが、お金だけはそうではありません。そのため、お金は利子を生むことになる、とエンデは考えます。

ドイツの経済学者ヴェルナー・オンケン（Werner Onken, 1953 -）は、『モモ』の物語の背後に、「減価する貨幣」という考え方があるのではないかと考え、エンデに手紙を送ったところ、その通りだとの返事をもらったと述べています。[*2]

「減価する貨幣」とは、スタンプつき貨幣とか、「自由貨幣」「老化するお金」とも呼ばれ、時間とともに価値を減じていく貨幣のことです。ドイツの実業家・経済学者シルヴィオ・ゲゼル（Silvio Gesell, 1862 - 1930）や、ドイツの思想家・哲学者ルドルフ・シュタイナー（Rudolf Steiner, 1861 - 1925）によって提唱されました。

ゲゼルは１９００年代より、現行の貨幣制度を問題化し、利子を生まず、時間とともに価値を減じていく新しい貨幣、「改革貨幣」を提唱しました。１９１６年に出版された彼の主著『自由地と自由貨幣による自然的経済秩序』では、自身の提唱する新しい貨幣を「自由貨幣 Freigeld」と名づけます。彼の説明に耳を傾けてみましょう。

自由貨幣は週ごとに額面価格の１０００分の1ずつ、すなわち1年に１００分の５減価する。しかもその減価分は自由貨幣所有者の負担となる。それゆえ、彼は……少額印紙紙幣を貼ることによって紙幣の額面価格をたえず保持し続ける必要がある。*3

この自由貨幣の場合、貨幣を貨幣として使えるようにするためには、その貨幣の所有者は、週ごとに印紙を買って貨幣に貼らなければなりません。つまりその印紙の額だけ、貨幣が減価していることになります。印紙 stamp を貼るというアイデアから、スタンプつき貨幣とも呼ばれたりします。

さて、ゲゼルは、なぜこのような貨幣が必要なのかを次のように説いています。

自由貨幣導入の目的は、とりわけ商品に対する貨幣の優位性を打破することにある。このような貨幣の優位性は、例外なく、伝統的な貨幣が商品と比べて頑丈であるという長所から生まれたものである。労働生産物がその保存と維持に莫大な保管費ないし管理費……を必要とするのに対し、貨幣所有者は、貨幣素材（貴金属）が有するその物理的性質のために、そのような一切の減価損失や諸費用と無縁である。それゆえに、貨幣所有者（資本家）は、つねに取引に余裕を持つことができる。商品所有者がつねに取引を急ぐのに対し、貨幣所有者はじっと待つことができる。そのため、両者の価格交渉が不成立に終わるならば、その損害はつねに一方的に商品所有者、したがって、最終的には労働者によって負担されることになる。このような状況を資本家は利用して、商品所有者（労働者）に圧力を加え、商品所有者が労働生産物（労働力）を値引販売するよう強いてきたのである。[*4]

ゲゼルのこのような立場を、のちにイギリスの経済学者ジョン・メイナード・ケインズは「反マルクス主義の社会主義」と呼び、「将来、人びとは、マルクスよりもゲゼルの精神からより多くのものを学ぶだろう」と評しています。[*5] 実際ゲゼルは、第一次大戦後のドイツ革命のなかで誕生したバイエルン・レーテ共和国に財務担当人民委員として加わり、彼の理論を実行に移そうとしますが、ソ連派の共産党によるクーデター後には、政府にとどまるものの、政策の実行への支援を得られなくなってしまいます。

シュタイナーもまた、貨幣が「古く」なる世界を想像するように私たちに求めます。貨幣には、決済のための貨幣、融資のための貨幣、贈与のための貨幣の三種類があり、貨幣がこの三つの機能を果たせるように循環するには、一定の期限で貨幣としての効力を失ってしまう仕組みを貨幣に持たせることが必要だと彼は考えました。[*6] この提案は、ゲゼルと同様の提案だと考えられてきました。[*7] エンデの貨幣観の背後には、このゲゼルやシュタイナーの提案があったと考えることができるでしょう。

3・2　社会有機体の三分（節）化

利他主義としての分業

写真６　20ポンド紙幣

シュタイナーの提案の背後には、彼の利他主義的な分業論と、ユニークなユートピア論とがあります。現在イギリスで流通している20ポンド紙幣の多くには、「経済学の父」とも呼ばれる18世紀スコットランドの啓蒙思想家、アダム・スミスの肖像が描かれています（写真6）。

肖像の右下には、「ピン工場における分業（とその結果としてなされる仕事量の大きな増加）」と書かれています。スミスの主著と言われてきた『国富論』の第1章はピン工場での分業の描写から始まり、いかに分業によって高い生産性が実現されるかが説かれています。そして続く第2章では、次のように記されています。

われわれが食事ができるのは、肉屋や酒屋やパン屋の主人が博愛心を発揮するからではなく、自分の利益を追求するからである。人は相手の善意に訴えるのではなく、利己心に訴える……[*8]

このように経済学では、分業を基礎とした私たちの経済を、利己主義的な観点から眺めてきました。スミス自身は、個人の利己主義的な振る舞いによっても社会がうまく回る前提として、共感という道徳感情に訴えかけましたので、利己主義だけを主張したわけではありませんが、それでも分業については利他主義ではなく、利己主義の観点から眺めていたことには違いがありません。

それに対してシュタイナーは、分業というのは利他主義的なものだと主張します。どういうことでしょうか。

分業のもとでは、仕立て屋が服をつくったり、パン屋がパンをつくったりするのは、基本的には、自分が消費するためにに生産するのではありません。他人が消費するために生産しているることになります。

あなたが今読んでいるこの本が、あなたの手に取られるまでに、いったい何人の人の仕事を経ているでしょうか。私が今着ているシャツが、私の手に渡るまでに、いったいどれだけの人の労働が関わっているでしょうか。

こうした近代社会における網の目のような分業のあり方を観察してシュタイナーは、「分業が進むほど、自分のためではなく、人のため、社会のために働かざるをえなくなる」「近代的分業が現れたことによって、経済に関しては利己主義が徹底的に根絶された」と主張するのです。[*9]

この利他主義としての分業という観点から、シュタイナーは、分業のなかでは、人は「自分の収益を自分で可能にするのではなく」、社会の「成員すべての労働によってそれを可能にしている」と論じます。[*10]

経済生活、法生活、精神生活

しかしながら、利他主義としての分業という、「分業の本質」に矛盾した制度があるとシユタイナーは指摘します。それは「個人が自分の社会的地位を利用して働き、そしてその成果を財産として残すことのできる制度」だといいます。そこでは他人の用に供するために財が生産されるのではなく、「財産を目当てにして」財が生産されるわけです。

このような制度のもとでは、利己主義的な私利追求が、労働の背後にある欲求として残ってしまいます。それでは「生活が保障されるなら、私は怠けられる」と考えてしまいがちです。そう言わなくなるあり方は、一つには、マルクス主義的な唯物論ではなく、精神的な世界観から生まれてくるとシュタイナーは主張します。また、人びとの収入を労働から切り離すことが必要だと論じます。[*11]

このように、労働への衝動が報酬とは別のところにあり、分業のなかに表れている私たちの利他主義が阻害されないような社会のあり方を、シュタイナーは「社会有機体の三分（節）化」という形で提示します。[*12] 人体という有機体が、頭部系（神経と感覚の働き）、循環系（呼吸と血液循環の働き）、代謝系（養分摂取、新陳代謝、運動機能などの働き）という三つの領域からなっているように、社会という有機体も、以下の三つの領域からなっているといいます。すなわち、経済生活、法生活、精神生活、の三領域です。

経済生活とは、「人間と自然との関係で始まり、天然の資源を加工して商品化し、そしてそれを消費するに到るまでの全過程」だとされます。経済生活を導くのは「友愛」の原理だとされます。

経済生活の過程は、自然だけではなく、人間の労働能力にも依存しています。しかし経済生活の過程が、人間の労働を制御してしまうと、人間の労働力は、他の商品と同じく商品として扱われてしまいます。人間を商品としないためには、経済生活に関わる人間の権利関係は、経済生活とは別の領域で決定されなければならないとシュタイナーは論じます。

その別の領域が、法生活です。法と政治の生活とも呼ばれ、民主主義のもとで、「個人と集団相互の関係を規制して、人間の法意識にふさわしい制度を生じさせようとする」ものとされます。法生活を導く原理は、「平等」だといいます。

精神生活とは、私たち人間の個としての能力の領域で、「高度の精神労働から単純な肉体労働に到るまでのすべてを含んで」います。シュタイナーによれば、精神生活で尊重されるべきは、「自由」の原則です。

それぞれの三つの領域で重視される、自由、平等、友愛は、フランス革命のスローガンに対応しています。このことをシュタイナーは次のように整理しています。

18世紀の末に自由、平等、友愛の三つの理想を声高らかに要求した人びと、そしてその後もその要求を繰り返してきた人びとは、近代における人類の進化がどこを目指しているのか、漠然とではあっても感じ取り、それによって、統一国家への信仰を克服した。統一国家にとっては、この三つの理念は矛盾を意味していた。しかし人びとがその矛盾したものをあえて信じようとしたのは、彼らの魂の無意識の奥深くで、社会有機体三分節化への衝動が働いていたからである。[*13]

フランス革命のロベスピエールや、ロシア革命のレーニンのような統一国家への希求は間違っており、進歩という近代の未完のプロジェクトは、社会有機体を三つの領域に分けて意識することによって達成されうるというわけです。

シュタイナーと経済学

以上のようなシュタイナーの議論は、自己利益を最大化する合理的な「経済人」仮説に基づく主流派経済学の議論とは、まったく相容れません。ただ、異端派経済学の流れには一定の影響を与えたようです。

たとえば、異端派の一人、ハンガリーの経済学者カール・ポランニー（Karl Polanyi, 1886-1964）は、若いころにシュタイナーの著作を読み、影響を受けたと言われています。ポランニーは１９３４年に「ルドルフ・シュタイナーの経済学」と題した小論をイギリスの雑誌に寄稿していますが、主著『大転換』における、労働の商品化への批判と、経済を社会のなかへ埋め込み直す方向性の希求とは、先述のシュタイナーの議論と共鳴しているといえるでしょう。

シュタイナーは、ベーシックインカムに言及していませんが、先述のように、労働と収入を分離することが必要だと考えていました。このシュタイナーの立場をポランニーは以下のように解説します。

賃金制度が廃止されるかどうかは、イエスかノーでは答えられない。賃金労働者が受け取る収入の相当部分は、家族手当、老齢年金、疾病給付などを通じて税金から支払われることになるだろう。[*14]

また、シュタイナーの晩年にあたる第一次大戦後には、イギリスなどでベーシックインカムを要求する社会運動が起こりますが、その背景には、一方で、戦争へと収斂《しゅうれん》した資本主義のあり方への懐疑、他方では戦後の混乱と困窮とがありました。そこから、ギルド社会主義やキリスト教社会主義の様々な新しい提案が生まれ、そのなかにはベーシックインカムを要求するものもありました。[*15]

これらにイギリスで共鳴した人びとと、シュタイナーの議論にドイツやオーストリアで共鳴した人びととの間には、現状認識の点で、多くの共通点があったと思われます。実際、ポランニーは、シュタイナーの経済学とギルド社会主義の類似性を指摘しています。[*16]

3・3　人智学とベーシックインカム

シュタイナーの思想を北欧で広めた人物

シュタイナーの思想に基づいて、無条件のベーシックインカムを主張した人物に、ヨハネス・ホーレンベーヤ（Johannes Hohlenberg, 1881 - 1960）というデンマーク人がいました。日本では、デンマークの哲学者セーレン・キルケゴールの研究者として知られ、キルケゴールについての著書も翻訳されています。

シュタイナーの思想は、人智学（Anthroposophy）と呼ばれ、ドイツ語圏を中心に各地に広がっていきます。また、その思想に基づく実践として、シュタイナー教育などがあり、これも広がっていきます。シュタイナー教育は日本でもよく知られていますが、前述のミヒャエル・エンデも、青年期の一時期をシュタイナー教育の学校で過ごしました。

ホーレンベーヤは、１９２０年にシュタイナーに会っています。[*17] デンマーク人智学協会の事務総長を１９２３年から１９３１年まで務めたり、北欧の人智学雑誌の編集委員を務めるなど、シュタイナーの思想を北欧で広めた立役者の一人でした。

１９３０年代には、土地―労働―資本（Jord, Arbejde, Kapital）運動を支持します。この運動は、ゲゼルやシュタイナーの貨幣論と同じく、利子のない貨幣を目指して、彼ら独自の貨幣の発行や銀行業務を行おうとしたものです（しかし、１９３４年にデンマーク政府によって貨幣の発行を禁じられてしまいます）。

ホーレンベーヤは、前述のシュタイナーによる社会有機体の三分化という考え方に基づいて、無条件のベーシックインカムを提案します。１９３４年に、『ヤヌス Janus』というノルウェーの人智学の雑誌に、「社会の遺産」という論文を発表します。以下、その内容を簡単に紹介しましょう。

「社会の遺産」

論文「社会の遺産」では、シュタイナーの経済、法、精神という社会有機体の三分化を前提としながら、まず、経済の領域では、生産技術について、二つのことを指摘します。第一に、技術の進展によって、自分のためではなく他人のために働くことになったということ。これはシュタイナーも分業の意味として指摘したことです。第二に、生産の果実の多くは、直近の労働よりも、これまでの技術の進展の蓄積に負っている部分が多いということ。過去の優れた詩や小説といった精神的な遺産に誰もが平等にアクセスできるように、過去の技術改良に基づく生産の果実にも、誰もが平等にアクセスできるべきだと論じます。ここから、無条件のベーシックインカムが導き出されます。[*18]

なぜ、生産の果実の分配の方法（の一部）が無条件のベーシックインカムなのかについて、ホーレンベーャは彼独自の法生活についての理解を語ります。

彼によると、法の領域では、民主主義のもとでの決定手続きが多数決であることから、この領域で決めることができるのは、共通の利害がある事柄だけだとされます。たとえば家を火事から守るために、公共の消防署のようなものを設置し、それがよく機能するようになることには、人びとの間に共通の利害があり、したがって民主主義のもとで決めるべきだとされます。それに対して、実際に消防署がどのような消火方法をとるかは専門家の手に委ねられるべきで、法生活の領域ではないとされます。

同じことが、生産の果実の分配にもいえると彼は論を進めます。最低限の生活水準の維持という点は、共通の利害であり、無条件のベーシックインカムという形で、法生活の領域で分配が決定されるのが望ましい。その上で、生産の果実の残りの部分をどのように分配すべきか、労働に応じてか、あるいはその他の基準に応じてか――。こうした問題は、法生活の領域ではないといいます。また当時は、失業を解決するために、雇用の創出への期待が政府に寄せられましたが、これも、生産をどのように組織するかは法生活の領域の課題ではないとして退けられます。

生活の必要（を満たすということ life's necessities）、（他人や社会のために）働くということ（work）、その人が何に従事するかということ（one's occupation）を、世間の人は一緒くたにしているが、それぞれ別のことだといいます。それぞれが社会有機体の三分化とどのように対応するかをホーレンベーヤは自明のこととして明示していませんが、おそらく、生活の必要を満たす無条件のベーシックインカムは、法生活に関わり、他人のために働くことは経済生活に関わり、その人が何に従事し、どのように時間や能力を使うかということは精神生活に関わる、ということだと考えられるでしょう。

無条件のベーシックインカムは、「その人自身の精神性を発展させる可能性と、そのための時間をすべての人に与える」ことで、精神生活の自由を保障することになります。社会有機体の三分化という理解から無条件のベーシックインカムが導かれると同時に、無条件のベーシックインカムが、三つの領域の相対的自律性を保証する形の議論となっています。

野の百合は働きも紡ぎもしない

ホーレンベーャは3年後の1937年に、同じ雑誌に「働かざる者、食うべからず」という小論を寄稿します。こちらでは、なぜ無条件のベーシックインカムという考え方に抵抗を感じてしまう人が多いのかについて、考察を深めています。

ホーレンベーャは1934年の前述論文で、ベーシックインカムへの経済的制約はないと論じていますので、ここでは経済問題よりも道徳感情に焦点を絞ってきます。それは端的に言えば、「働かざる者、食うべからず He who does not work, neither shall he eat」という道徳感情です。この言葉は、新約聖書の「テッサロニキの信徒への第二の手紙」に出てくるパオロの言葉です。

ホーレンベーヤは、この小論で二つのことを指摘しています。第一に、パオロの時代には、人びとは自分自身が消費する分をわずかに上回る程度しか生産できなかったかもしれないので、この言葉には意味があったかもしれない。しかし、分業と技術の進展によって生産力が著しく向上した20世紀には当てはまらないと。第二に、パオロの時代には「べからず」という道徳的な命題にすぎなかったこの言葉が、20世紀には「働かざる者は食べることができない He who does not work, neither can he eat」と科学的因果関係のように語られることが多いが、その因果関係が正しいかどうかはめったに問われないと。

もし、私たちの手にしている生産の果実が、直近の肉体労働によってのみ得られているのであれば、この因果関係は正しいかもしれない。しかし実際には、過去の技術の発明と改良という、知的労働に多くを負っているので、正しくないと論じます。したがって今日なお、パオロの道徳的言葉、ないしその科学版にしがみつく人びとは、想像力の物質主義的な幻影に影響されているか、精神的・知的仕事が成果をもたらしている現実を否認していると批判されます。

そして、同じ聖書の一節でも、イエスの「野の百合は働きも紡ぎもしない」という一節の方が20世紀の現実に近いのだと論じます。この言葉は、技術の進展による失業をポジティブにとらえるべきだという、前章でも触れたケインズの『孫の世代の経済的可能性』という1930年の小論でも引用されており、両者の立場は近いといえるかもしれません。

ただ、大きな違いは、ケインズは人びとが野の百合のように働かなくても生きていけるようになるのは、21世紀のことであって、彼らにとっての現在である1930年代とは考えていなかったということです。そのため彼は、当面の雇用を維持するための、様々な公共事業に好意的でした。

これに対してホーレンベーャは、そうした雇用の維持が至上命令と考える思考と、戦争の足音との間に重大な関連があると考えました。すなわち、軍需と軍の増大が失業を減らしており、そのような好戦的な政策を実行する政治家が支持を集めていた状況です。そのような思考は「いつかヨーロッパを破壊に導くだろう」と警鐘を鳴らしていました。その2年後に第二次世界大戦に突入して、どのような帰結となったかを考えると、ホーレンベーャの警鐘は正しかったといえるのではないでしょうか。

成功した企業家とベーシックインカム

さて、ホーレンベーヤが前述のような議論を世に問うたのは１９３０年代ですが、21世紀に人智学の観点からベーシックインカムについて論陣を張った人物に、ゲッツ・ヴェルナー（Götz Wolfgang Werner, 1944‐）がいます。ヴェルナーはドイツの大手薬局チェーン「デーエム」の創業者で、成功した企業家として知られています。同時に、おそらくドイツで最も有名なベーシックインカム論者でしょう。

ヨーロッパではベーシックインカムの主張は一部では知られていました。それでも１９７０年代は議会外のいわゆる「左」の政治勢力、１９８０年代以降はそれに加えて緑の党によって支持される政策という認識でしたので、成功した企業家とベーシックインカムという取り合わせは斬新で、メディアの格好の注目の的となりました。彼の議論のエッセンスは、第一章でのシュミットの議論と、ここで紹介したホーレンベーヤの議論と重なりますし、彼が２００６年と２００７年に出した本は日本語にも翻訳されています*19ので、ここで屋上屋を架すことはやめておきます。

3・4 社会彫刻

どんな人間も芸術家である

第1章で見てきたように、スイスの運動は、イメージに訴える様々な仕掛けに取り組んでいました。シュミットは自らが手がけたその仕掛けを、社会彫刻と位置づけています。

社会彫刻とは、ドイツの芸術家、ヨーゼフ・ボイス（Joseph Beuys, 1921 - 1986）の造語です。ボイスは、ダダイズムのマルセル・デュシャンに匹敵する衝撃を現代美術に与えた人物です。ボイスの名前は聞いたことがなくても、彼の「誰もが芸術家である」という有名な言葉は耳にしたことがあるかもしれません。いわゆる「現代美術」の枠内での彼の位置については、美術家や美術批評家たちの優れた説明に譲ることにし[*20]、ここでは、私たちにとって重要な以下の相互に密接に関連する三つの点を中心に見ていきましょう。

第一に、彼とシュミットをつなぐ社会彫刻という概念、これは「ベーシックインカムを実現する道筋」に関わります。第二に、ボイスの言う「誰もが芸術家である」とはどういうことなのかについて。これは本書の問い「お金のために働く必要がなくなったら、何をしますか？」と密接に関わってきます。第三に、彼の経済観について。これは本章でこれまで見てきたエンデやシュタイナーの議論と関係してきます。

実は、第一と第二の点は、ボイスにおいては表裏一体のものです。[*21] ボイスは１９８４年に来日したときに、以下のように語っています。

現在の良くないネガティブな社会の形態を……よりよいポジティブな形態に我々が共同して変えていくというのは、ちょうど彫刻家ができの悪い彫刻を少し手直しして、よい彫刻に変えていくのと似たようなところがあります。それは、どんな人間もこの社会という彫刻に関わる芸術家であるということを意味しています。……自分で自分を決定できるということを望むその気持ちから、どんな人間も芸術家である、社会の変革をめざす芸術家であるというテーゼがでてきます。[*22]

教育における自由とは何か

ここで、ボイスの「社会彫刻」活動を、いくつかの具体的な活動を通して見ていきましょう。彼は「教師であることが私の最高の芸術作品です」と言っています。そこで、まずは彼の教員としての活動から見ていきましょう。

ボイスは、１９６２年に母校デュッセルドルフ芸術大学の彫刻科教授となりますが、入試による志願者の選抜に疑問を抱きます。学びたい意欲と適性を持つ人の学ぶ権利は保障されるべきだ、適性の有無は入試では測ることができないと訴えます。実際、ボイスは入試に落ちた志願者たちに聴講を認めるようになります。そのため、ボイスのクラスは人であふれるようになったといわれています。１９７１年には入試で落ちた志願者のうち、ボイスが意欲があると認めた志願者たちを入学させようとします。それを当局が却下すると、志願者たちが大学の事務局を占拠します。その結果、この年は入学志願者は入学許可を勝ち取ります。

しかし、翌年ふたたび、入試で落ちた学生の一部をボイスが受け入れ──→当局が認めず──→ボイスたちが大学事務局棟占拠、と同様の経過をたどると、大学設置主体のノルトライン・ヴェストファーレン州政府はボイスを解雇します（１９７８年にボイスが勝訴し復帰）。

解雇の翌日、ボイスたちは占拠を解き建物から退出しますが、そのときの写真に「民主主義は愉快だ」とボイスがペン書きしたものは、シルクスクリーンの版画として一つの作品となり、現在では絵葉書にもなっています。

この一連の活動のなかで、学びたい人びとの学ぶ権利の保障が、制度化された教育制度のなかでは形骸化してしまっていることを、ボイスたちは明るみに出しました。また芸術とは自由の科学であり、学ぶものの自由と自発性が大事だとボイスは考えました。これは、芸術に限らず教育における自由を重視したシュタイナーの考え方とも親和性があります。

大学から追い出されて2年後、ボイスは「創造性と学際的研究のための自由国際大学」を設立します。先述のシュタイナーの社会有機体三分化を実現する、すなわち自由に基づく精神生活、平等に基づく法生活、博愛に基づく経済生活を可能にする仕組みをつくり上げていく場を目指しました。

7000本の樫の木

既成の制度の機能不全を明るみに出そうというボイスの試みは、教育の領域にとどまりません。1972年のアクション「清掃」は、記録されたフィルムによると、メーデーの行進のシーンの後、ボイスは路上に散乱するビラを掃除します。このアクションは、既成の制度化された政党、労働組合、議会を通じた政治の機能不全を指摘し、新しい民主主義のために新しい自由な発想と行動が必要とされていることを示唆しているものと解釈されてきました。

デュッセルドルフ芸術大学のボイスのもとに集まった学生たちの一部は、１９８０年に結成される緑の党の母体の一部となり、ボイスも同党の候補者として選挙に出馬します（落選、のちに党から離れる）。１９８２年に始まった「７０００本の樫の木」は、環境保護を訴える、ボイスの代表的な社会彫刻の一つとして知られています。

ボイスの経済観

ついで、ボイスの経済観に移りましょう。先ほど言及しましたように、ボイスはシュタイナーの社会有機体三分化を実現しようと考えていました。さらに労働は他者のためになされるべきで、そのためには労働と収入が切り離されなくてはならないという点でも意見を同じくしていました。そして、賃金とは別の形で人びとの収入が保障されなくてはならないとし、次のように述べています。

自らの生活の維持と拡張に人間が必要とする収入は、労働に対応した二次的なものではなく、それ自体一次的権利、人権であり、それが保証されることを前提として初めて人間は、責任をもち、義務を負って、共働者たちとともに作業することができるのである。[*23]

そして、「すべての勤労者は、その収入という観点から見れば、平等の市民からなる民主的共同体に属することになるのだ」と言っています。ボイスはベーシックインカムか、それに類似した制度を念頭に置いていたといってよいでしょう。[*24]

＊　＊　＊

エンデも、シュタイナーも、ボイスもベーシックインカムに言及していたわけではありません。ただ、彼らの世界観を引き継ぎながら、ホーレンベーャやヴェルナーは無条件のベーシックインカムを主張しています。

また、本書の共著者シュミットはじめ、スイスの国民投票に関わっていた人たちのベーシックインカムについての考え方は、ここで紹介したような人たちの世界観と重なっているとドイツ語圏では考えられています。実際、バーゼルで彼らが拠点としているカフェには、シュタイナーの著作がたくさん並べられていました。またシュミットはボイスに会って影響を受け、ボイスの弟子と一緒にプロジェクトを行っています。この章で紹介してきたような世界観について、シュミットに尋ねてみたのが次の第4章です。

さて、本章の冒頭で触れた、エンデの『モモ』のなかの時間泥棒との闘いを経て、モモたちが取り戻すのは、豊かな時間が流れる、お互いがお互いを気遣いながら、同時に閉じずに開かれた空間でした。コミュニティと呼ばれるものよりも開かれたイメージ、コモンズといった言葉がより適切かもしれません。

そうしたコモンズの希求に、ベーシックインカムという考え方はどう関わるのか。第5章と第6章では、開かれた人と人の繋がりをつくり出そうとする取り組みのなかから、ベーシックインカムについて考えます。

1 河邑厚徳+グループ現代2000。
2 河邑厚徳+グループ現代2000。オンケン1986。
3 ゲゼル1920。
4 ゲゼル1920。ゲゼルの理論と実践については、森野栄一と彼の主宰するゲゼル研究会による著作や雑誌などが詳しい。
5 ケインズ1936。
6 シュタイナー1922。
7 河邑厚徳+グループ現代2000。Preparata 2006.
8 スミス1776。
9 シュタイナー1922。
10 シュタイナー1919a。
11 シュタイナー1908。
12 社会有機体三分化についての以下の説明は、シュタイナー1919a、同1922などに依った。
13 シュタイナー1919a。
14 Polanyi, 1934.
15 詳しくは山森2009第4章。
16 Polanyi, 1934.
17 ホーレンベーヤの経歴については、主にHohlenberg, 1934の2007年の英訳に寄せたサイモン・バーンバウムとエリック・クリステンセンの解説によった。
18 この部分は、人智学ないしホーレンベーヤに特有の議論というわけではなく、ベーシックインカムの正当化としては一般的な議論である。詳しくは山森2009参照。

19 ヴェルナー2006、2007。

20 たとえば若江・酒井2013など。

21 社会彫刻について、詳しくはBeuys, 1986, 菅原2004など。社会彫刻とボイスの教育実践との関係について、前原真吾の一連の論考（前原2012、2016）などを参照した。

22 ボイス、西武美術館1984。

23 ボイス1978。

24 ボイス1978。ただし「基本的人権としての収入」は、必要性の観点から民主的に取り決められるとされる。これは、分析的に厳密にいえば、ベーシックインカムかもしれないし、ベーシックインカムでないかもしれない。とはいえ、実際の草の根の運動の場では、必要に応じた収入の保障という動機から、ベーシックインカムが主張されることが多かったことを踏まえると、それらの運動の背後にある動機・思想と、ボイスのそれはかなり近いところにあるといえるだろう。

第4章 人が時間を取り戻すことは可能か？

——社会彫刻・文化収入・精神生活

エノ・シュミット（インタビュアー：山森亮）

あなたはこの人生で何をしたいのか

山森　２０１４年1月に、私をバーゼルに招待してくださってありがとうございました。数ヶ月前に連邦議会に12万筆の署名を提出した達成感と熱気が冷めやらぬ時期に、署名集めに奔走された多くの人たちと会うことができて、とても刺激を受けました。

最も印象的だったのは、ほとんどの人が、自分の言葉で、ベーシックインカムが自分にとってどのような意味を持つか、運動への参加が自分にとってどのような意味を持つかを語ってくれたことです。

運動の焦点は、政策や制度についての社会工学的な側面というよりは、どのように生きたいかという実存的な側面、さらには、そもそも私たちはどういう存在で、社会のなかでともに生きているということはどういうことなのかをどう理解するのかについての認識を新たにしようという側面にあったように感じました。「"What would you do if your income were taken care of ?"」という運動のスローガンは、このような運動の焦点を象徴するものだと理解しています。

このことは、「最も重要な議論は、認識論的なものである」というヨーゼフ・ボイスの言葉を思い起こさせます。ボイスと彼の「社会彫刻」が、あなたやスイスの運動とどのように関係しているか、お尋ねしてもよいでしょうか？

シュミット　私はアーティストですから、もちろんボイスには関心を持ってきました。過去に一度、彼をデュッセルドルフに訪ねたこともあります。私が1990年から1995年にかけて行ったアートプロジェクト「彫刻・木の十字 Sculpture Tree Cross」や「拡大された企業経済とアート Enterprise Economy and Art - extended」は、ボイスの代表的な社会彫刻プロジェクトだった「7000本の樫の木」や、その背後にあった「拡大された芸術」概念と、直接に関連しています。そして私は、オックスフォード・ブルックス大学の「社会彫刻研究ユニット」のメンバーで、その教育コースの立ち上げにも関わりました。

ドイツの企業家のゲッツ・ヴェルナーが「会社というのは、社会的でアーティスティックな出来事だ」と言っているように、経済とは、社会のなかで社会的に生起していることなのです。

無条件のベーシックインカムは社会彫刻と関係しています。社会彫刻とは、私たちは自分と自分が持つ様々な関係性に責任を持つということなのです。このことは、いつでも新しく自由に、何が最善なのかを自分で決めるということを意味します。そのためには創造的でなくてはなりません。また、自分に責任を持つことができるためには、自由でなくてはなりません。そして自分に責任を持つとき、——たとえばアーティストがそうであるように——創造的であることは不可避なのです。それはただ楽しいというようなことではなく、私たちをとりまく社会構造や社会関係に対する、とても高度な挑戦です。

無条件のベーシックインカムはそのための基盤を提供します。ですから、逆に、無条件のベーシックインカムが人びとを怠け者にするというようなことではなくて、今日の怠惰——すなわち、自分で責任を負うことなく、他人に言われたことを、ただ給料をもらえるからという理由でしてしまうという怠惰——を乗り越えようとするものなのです。

無条件のベーシックインカムによって、自分が正しいと思うことをしない理由を正当化するものは消えるでしょう。もちろん私たちは、ベーシックインカムの社会的インパクト——教育、人間像、民主主義、財政、経済、宗教、ジェンダーの平等、家族、さらには動物や自然へのインパクト——について、たくさん考えてきました。また健康——とりわけ精神の健康——、消費行動、国際関係と移民、既存の賃金や年金、社会保障給付、効率性と効果性などへのインパクトについてもです。

しかし、まずは自分自身から始めましょう。理論やモデルからではなくてです。私たちは、他人に何がよいかを指図する政治家ではありません。他人について考え、ジャッジするというのは、それこそまさしく、古くて間違っていて、臆病な態度です。そして退屈でもあります。

何か新しいプランを考え、それを実行に移すときの生活や創造性というのは、前記のような臆病な態度とは正反対のものです。無条件のベーシックインカムは「文化的な収入」なのです。つまり、自由と保障のための収入であり、自分自身の生活の歴史を積み上げていくためのものです。このことを表現するのに、前に作成した映画では「文化的なインパルス」という表現を使いました。ですからアート——あるいはもしこのようにあなたが呼びたいのなら、詩——から始めなくてはならないのです。私たちの活動が美しさと魅力を持っていなくてはならない理由もそこにあります。

この取り組みには、方法と何が優先されるべきかについての専門的な知識が必要とされます。何が優先されるべきか——それは、あなたであり、私であり、文化です。様々な意見を再考し、生活や仕事について、経済とは何かについて、そしてあなたは人生で何をしたいかについてのより深い洞察を得ることが優先されなくてはなりません。これはまた、社会彫刻のアプローチでもあります。社会彫刻は日本の古い文化とも関係があります。新しい側面はすべての個人の自由ということです。

いつも忙しくしている者は、未来を持っていない者

山森　社会彫刻の主導者ヨーゼフ・ボイスは、ご存じのようにルドルフ・シュタイナーの仕事に触発されています。バーゼルに招待してくださったときに、あなたと活動をともにしている若い仲間たちが、皆さんの活動の拠点の一つとなっている美しいカフェに連れていってくれました。そこにシュタイナーの本がたくさん飾られていたのを、あなたのお話を聞きながら、思い出しています。

シュタイナーは、仕事というのは、分業体制のもとでは他人の必要を満たしているので、事実上、利他的なものとなっているということを言っています。また、他人のために働くということは、収入を得るということとは異なる事柄であるとも言っています。シュタイナー自身は、無条件のベーシックインカムには触れていませんが、無条件のベーシックインカムを求める私たちの議論の背後にある論理と、彼の議論には似通った点があるようにも思います。このことについて、あなたのお考えをお聞かせ願えますか？

シュミット　無条件のベーシックインカムにシュタイナーが賛成するだろうかどうかについて知るために、シュタイナーの本を何度も読み直しました。彼の言葉の多くは、無条件のベーシックインカムに賛成しているようにも読めます。

その一方で、反対しているようにも読める彼の言葉も、数は多くはないものの、ないわけではありません。いずれにしても、何かの権威によってではなく、私たちは自分に自信を持って、「無条件のベーシックインカムにしろ他のことにしろ」考えなくてはいけないでしょう。

それはともかく、シュタイナーに関連して、ここでは四つのことを言いたいと思います。第一に、彼は、仕事と収入の分離を提唱しました（詳細は第3章を参照）。なぜなら、「自分の」収入のために人びとが働くときには、「本来他人のためである」仕事ときちんと関わることはできないからです。さらに、お金のために働いているというのは幻想です。仕事はいつも他人のためのものです。あなたの収入はあなたとあなたの家族の生活を支えます。そのことは、他人があなたのために生産したものを購入することを可能にします。また自分自身を教育すること、何かを改善すること、変えることをも可能にします。収入と仕事とは、事実の上からして、まったく異なる事柄なのです。

もし収入が私と私の仕事との間にあるなら、私の活動的な生活と存在する世界との間にある本当の関係に入っていくことができません。この関係に入ることによって、精神的な生活を経験することができるのです。

シュタイナーが収入と仕事とを分けることを提唱した理由はここにあります。シュタイナーは次のように言いました。「もし人びとが収入のために働くのではなくなったら、人びとは怠け者になって働かなくなるのではないですかと、あなた方は私に聞く」——これは私たちがベーシックインカムについて語るときに直面する質問と一緒ですね。

第二に、シュタイナーの社会有機体三分化については第3章であなた（山森）が触れてくれていますが、私の言葉でも、少し補足させてください。精神生活における自由。経済的生活における友愛、法的生活における平等という三つの領域は、相互に独立していなくてはなりません（詳細は第3章を参照）。

無条件のベーシックインカムは、法生活における人びとの平等に対応します。誰もが生きる権利を有しています。これは基本的な権利であり、人権です。この権利を現実のものとするためには収入が必要です。［今日の社会では多くの人は］収入なしには生きることはできません。したがって、無条件のベーシックインカムというのは、誰もが人間である——精神的な存在である——という認識に基づいています。この認識が人権の出発点です。あなたの振る舞い、ジェンダー、パフォーマンス、宗教や信念などにかかわらずに保障されるのが人権です。無条件のベーシックインカムは、人間として誰もが平等であるということを、生きる権利という次元で実現します。

無条件のベーシックインカムはまた、経済生活における友愛も可能にします。より多くの新しいイニシアティブや内的な動機、より多くの対等な共同作業を可能にします。というのも、もはや誰もしたくないことをするようには強制されないからです。奴隷制は友愛ではありません。〔現在の賃金労働のもとでは生活のために〕自分の時間を売ることになりますが、それは自分を売ることであり、〔いわば〕奴隷制〔のようなもの〕です。

一方、無条件のベーシックインカムのもとでは自分を売る必要はありません。そして必要を満たす水準での収入〔を得ること〕を仕事と分離することは、仕事の価値は収入にあるのではなく、他人がそこから得ることができる便益にあるということを明確にします。そして、仕事のなかでどれだけ自分自身を表現し発展させられるか、ということも仕事の価値と関係してきます。無条件のベーシックインカムは、経済生活における友愛を促進するのです。

ベーシックインカムの無条件という特徴は、精神生活の自由とも対応しています。精神生活のことを文化と呼び変えても、あるいは販売用ではないモノやサービスをつくりだす活動と呼び変えても、差し支えありません。これらは未来を創っているのです。こうした活動は、社会における関係性や、愛の基礎を強化しているのです。

いつも忙しくしているというのは、未来を持っていないということと同義です。新しいことのためには、余暇は不可欠です。所与のかたちから抜け出して、自分自身に戻る必要があるのです。からっぽの状態になることが必要です。そしておそらく、悲しむ時間や、他人の声に耳を傾ける時間も必要でしょう。新しい経験をする時間、新しい洞察を行う時間、研究を行う時間。仕事ではない何かを行う時間。請求書を渡すことなく、誰かのためにそこにいる時間。人びとのための時間。新しいビジネスや社会的企業を始めるための時間。そうした時間が必要なのです。

ですから、無条件のベーシックインカムはシュタイナーの社会有機体三分化という考え方に沿っていますし、それを具体化したものだともいえます。

とはいえ、ベーシックインカムはシュタイナーによって提案された考えではありません。人智学徒（シュタイナーの教えに従う人びと）の間には、ベーシックインカムに賛成の人もいれば、反対の人もいます。それは、左翼や右翼のなかにそれぞれ賛成や反対の人がいたり、企業家や学者や労働者のなかにそれぞれ賛成派や反対派がいたりするのと同様です。ベーシックインカムは特定のイデオロギーや社会的階級とは関係がありません。

同様に、無条件のベーシックインカムは社会の一部の人びとのためのものでもありません。貧困にあえぐ人びと［だけ］のためのものではありませんし、失業者［だけ］のためのものでも、シングルマザー［だけ］のためのものでもありません。

そうではなくて、すべての人のためのものなのです。あなたが人間であるという理由で受け取ることができるものなのです。人間であるということは、個人であるということでもあります。無条件のベーシックインカムによって、ありのままの自分自身である権利をお互いに与えあうことができます。そのような社会は最も強く、最も成功している社会ではないでしょうか。

第三に、シュタイナーは三つのタイプの貨幣を区別しました。第一のものは交換貨幣です。このお金は、私たちが何かを買ったり売ったりするときに使うものです。第二のものは、貸借貨幣で、投資や貸付・借入に使われるものです。第三のものは、贈与貨幣です。財との交換で受け取ったり、クレジットとして受け取るのではなくて、贈与のようにただ受け取る貨幣です。この第三の貨幣は、精神的な生活――教育だとか、技能の発展、アート、宗教、研究などを支援するためのものです。精神的な生活は、自由が必要となる領域であり、外から何かをあらかじめ決めることはできず、結果がどうなるかも分からない領域です。

これら三つの貨幣のうち、無条件のベーシックインカムは贈与貨幣にあてはまるでしょう。あなた自身の責任でこれまでの人生を未来へと導く道なのです。この自由は、自分で自分を鼓舞するものですから、難しい挑戦でもあります。

第四に、シュタイナーが述べたように、私たちは収入への課税から支出への課税に移行すべきです。私たちがお金を使用する際に、税を支払うべきです。すべての税は支出税であるべきで、他の課税形態はすべて寄生的なものだとシュタイナーは言いました。お金が社会的な意味を持ち、有効となるところで、税が課されるべきです。

シュタイナーのこの議論を継続的に掘り下げて研究している人に、公認会計士で税の専門家のベネディクトス・ハードープ（Benediktus Hardorp, 1928 - 2014）博士がいます。ハードープはドイツにおける付加価値税の導入に貢献した人物ですが、彼は友人の企業家のゲッツ・ヴェルナーに、すべての税は付加価値税であるべきだと説明しています。

ヴェルナーは彼の説明におおよそ同意しましたが、一つだけ質問をしました。税の社会的な要素、すなわち［課税最低限や必需品へかける税の減免といった担税能力や生計維持などの社会的な考慮にもとづく］課税の免除や控除をどのように組み込むのですか、と。

ヴェルナー自身がたどり着いた答えは、付加価値税からの控除はすべての消費者に毎月支払われるべきだと。これが無条件のベーシックインカムです。ベーシックインカムへのこのアプローチは、シュタイナーの考える――所得への課税は反生産的であるという――正しい課税の論理と整合的です。

とはいえ、［このベーシックインカムへのアプローチは］シュタイナーの議論から直接導き出されたものではなくて、ハードープとヴェルナーとの間の議論を経て導き出されたものです。そしてまたこの点は、［ヴェルナーや私のアプローチが］これまでのベーシックインカムの考えと異なる点でもあります。この点が、ベーシックインカムという考え方を実行可能なものにし、私たちの時代に即したものにしているのです。他の財源案はすべて寄生的で封建的です。

繰り返しになりますが、ベーシックインカムという考え方はシュタイナーによるものではなくて、別の多くの先人たちによっています。それは一緒に生きようと試みる多くの伝統に裏書きされています。何人かのノーベル賞経済学者、哲学者、社会科学者、革命家や企業家、政治家によっても議論され、前に進んできました。

この考えはユートピアと同じくらい、さらには人間の生活と同じくらい長い歴史を持っています。私たちはその歴史を忘れているに過ぎません。私たちは生活を、愛を、社会的結束を、そして人間の未来を忘れてしまっているのです。私たちはお金を追いかけてばかりいます。しかし、お金に価値はありません。無条件のベーシックインカムは一義的にはお金についての事柄ではありません。人間と仕事についての態度の変化の表現なのです。

あなたの時間を奪っている泥棒はあなた自身

山森　無条件のベーシックインカムについて１９９０年代に考え始めたとき、ミヒャエル・エンデの『モモ』という小説を思い出しました。エンデもまた、シュタイナーに影響を受けています。『モモ』では、かつては主人公モモを受け入れた開かれた共同体の人びとが、余裕を失い、変容していきます。モモは、人びとの時間を盗む「灰色の男たち」を見つけます。無条件のベーシックインカムによって、人びとは時間を取り戻すことができると理解してもよいでしょうか?

シュミット　はい。そうなるでしょう。無条件のベーシックインカムは、生活に色彩を与え、灰色の存在と希少性という悪魔、そして生き残れるかという恐怖を消し去るでしょう。生活は詩なのです。詩というものをもっと真剣に考えなくてはいけません。詩は単なる感傷ではなく、真実であり深遠なものです。無条件のベーシックインカムは、大事なことをするための時間を与えることができます。

ただし、［実際に大事なことができるかは］個人がどのように時間を使うかによります。無条件のベーシックインカム自体は、何も指示しません。誰もが今より多くの時間を持つようになるというのは、必ずしも正しいとはいえないでしょう。しばしば職のない人は、職と自由時間を持っている人より、多くのことをしなくてはいけないでしょう。自営業の人の多くも、被雇用者よりたくさん働いています。社会的ないし環境的な活動をしている人や、アーティストも、有給の職で働いている人よりたくさん働いていることが多いです。

無条件のベーシックインカムは、仕事と生活をより一致させることができます。しかしそのことは、人びとがより少なく働くことを必ずしも意味しません。［ベーシックインカムが導入されても］多くの人は現在の職にとどまるでしょう。また、その人の労働を必要としている人がいて、そのために労働を減らせないという場合も考えなくてはいけません。労働時間が減るかどうかは、その仕事がそれを許すかどうかによります。

とりわけ多くの高給の職は、フルタイムの関わりを必要とします。また、ベーシックインカムの水準を上回る給料を得ている人たちのことも視野に入れる必要があります。そうした人たちの多くは、ベーシックインカムの水準に消費を抑えることは簡単ではありませんし、そうすることを望んでもいません。そうすることは、彼らの自尊心にも、生活スタイルにも、能力にも一致していないのです。

したがって、あなたの質問への答えは、たしかに「イエス」ではあるのですが、他の多くの場合と同様に、それは個々の人の生活スタイルや状況によるという留保が必要です。生活と仕事がより一致しているとき、必ずしも、自分自身の時間がより必要だとは限らないのです。なぜなら仕事の時間は生活の時間なのだから。そしてあなたはあなたの生活を自分自身で決めることができるのです。そうすることができるように、無条件のベーシックインカムは、今日の制度よりは人びとをエンパワーするでしょう。そして経済的な進歩とよりよい人間関係を創りだすでしょう。これに対して今日の強制された労働は、病気を生み出し、非生産的だと思います。

今日、生活時間の多くは、学校や大学、有給の職において、有用でない形で浪費されています。しばしば、職やプログラムや制度は、あなた自身で考えさせないようにするためだけに存在しています。多くの有給の仕事は、無用で非生産的です。

もし、人びとが有給の職だけが生活するための収入をもたらすと考えることをやめれば、無意味で、病的で、破壊的なたくさんの職が消えてなくなるでしょう。そして人びとは、緊急にすべきことや、なされることに意味があることをするようになるでしょう。

とはいえ、これもまた、一人ひとりの個人によります。ある意味、今日でもそうです。無条件のベーシックインカムによって可能になることの多くは、すでに今日の人びとによってもなされており、あなた方もそうするように励ましているのです。私たちは悪い社会に住んでいるのではありません。しかし、もっと良くすることができるのです。

一つ大きな危険があります。それは、仕事と収入は同じことではないということを政治家が理解しないということです。彼らは古い観念にしがみついています。そして人びとを忙しいままにすることに全力を尽くしています。仕事は収入と同義ではないと気づくまで、人びとはより多く雇用された状態にとどまるでしょう。それが何を意味するのかも分からないままにです。人びとを忙しい状態に留め置くことは、人びとに考える時間を与えないということです。民主主義へ参加する時間も、私たちが生きている時代への内省の時間も与えません。そのため何が自分の人生なのかを考えることもできません。

私は日本が大好きです。ここに暮らす人びとを素晴らしいと思っています。それでも、一つ気づいたことがあります。どうやら多くの人は、一息つく時間、自分が今やっていることが意味があることなのかどうか内省する時間がないように見えるのです。通常の構造のなかで、普通の暮らしのなかで、一息つく時間、自分自身に戻れる時間がないようです。

しかし、これも発展が起こる道筋なのかもしれません。「正しい」状態から――しばしば痛みをともなって――こぼれ落ちることは、人間の未来へのステップかもしれません。

役割を失った人びと、スムーズなキャリアや結婚からこぼれ落ちた人びとは、無条件のベーシックインカムという考え方により開かれています。なぜなら、人生とは実のところ何なのかを知るからです。ビジネスの世界で、あるいは家族のあいだで、あるいはコンピューターゲームの世界でよく機能することから離れて、その人自身の人生について知るということです。

エンデの本の「灰色の男たち」は、単に魂のないビジネスワールドから来た、虚ろな約束で人びとの時間を奪う一群というだけではないと私は思います。時間を奪うという現象は、今日の人間がより自由と自己責任を持てるようになってきたという進歩と関係があるのです。今日になってはじめて、人びとは「自分自身の時間」を持つようになっています。つまり、人びとの時間を奪うということが、現実的な重みを持ってきているのです。

今日になってはじめて、技術的な進歩が、私たちに自分の時間を持つことを可能にしています。自分自身を発展させるために、自分の時間が必要になるという傾向は、今日に始まり、未来にはさらに進むでしょう。無条件のベーシックインカムは、このより人間的な社会への発展を助けるものです。より人間的というのは、時間と責任がよりあなたの手中にあるようになるからです。

しかし、忘れてはいけないのは、あなたの時間を奪っている泥棒は、じつのところあなた自身でもあるということです。無条件のベーシックインカムは、そのあなた自身に打ち克つよりよい機会を与えます。素晴らしき新世界のイデオロギーについて語るのはやめましょう。無条件のベーシックインカムは様々な問題を解決しません。解決するための前提条件を提供するだけです。解決するかどうかはあなた自身にかかっているのです。今日よりもさらに。

現在より価値が高まるもの

山森　エンデは、減価する貨幣という考え方を支持しました。この考え方はシルヴィオ・ゲゼルにまで遡ることができますが、シュタイナーも同様の考え方をしていました（詳細は第

３章を参照)。このような提案の背後にあるのは、蓄積のための蓄積の手段として機能することから、私たちの通貨を守ろうという動機です。このような考え方について、あなたのお考えをお聞かせ願えますか？

シュミット　私もそのような考え方に賛成します。ゲゼルの減価する貨幣はオーストリアでは成功を収めました。経済を活性化させ、自治体の財政を救い、すべての人の生活を改善したのです。ご指摘のように、シュタイナーもまた、貨幣は時間とともに減価すべきだと言いました。いくつかの地域通貨、たとえばドイツ・バヴァリア地域のキームガウアー(Chiemgauer)などはそのような形態をとっています。貨幣が時間とともに減価すれば、退蔵されずに、すばやく流通するでしょう。貨幣は魔術的であることを辞めるでしょう。貨幣は社会的な意味のなかに統合されなくてはなりません。

山森　エンデの『モモ』のなかで、「灰色の男たち」は、時間だけではなく、コミュニティそれ自体をも盗んでしまったように思います。コミュニティのなかで、人びとは互いにケアしあい、モモのような「よそ者」までもケアしてきましたが、そうした繋がりが失われてしまいました。あなたと一緒に２０１７年の４月に行った集まりのテーマの一つは、無条件のベーシックインカムを通じて、コモンズ(共有のもの)を取り戻すというものでした。

実際、二日間にわたる集まりの初日は、アーティストたちがともに住み、働き、学ぶ場をつくっているところで行われました。私自身は、ヨーゼフ・ボイスが取り組んだ国際自由大学などの取り組みを思い出しながら、準備の話し合いに参加していました。

シュミット　無条件のベーシックインカムは、人びとが「したいこと」をするよりよい機会を与えます。「したいこと」とは、共同体的生活かもしれません。あるいは他の生活スタイルかもしれません。とはいえ、無条件のベーシックインカムが実現した社会では、人と人との繋がりへの意識は現在より高まると思います。お互いに信頼と感謝を、今より持つようになるでしょうね。

ボイスの考え方が京都での集まりで意味を持ったのだとしたら、それは素晴らしいことだと思います。というのもボイスの芸術概念は、日本の文化の全体性と究極的には関係があり、京都はその文化の故郷だと思うからです。全体芸術（Gesamtkunstwerk）ね。無条件のベーシックインカムはその機能的な部分といえるでしょう。そしてまた、社会彫刻の一部でもあります。このインタビューの出発点に話が戻りましたね。

第5章 フェミニズムとベーシックインカム

――「ゆる・ふぇみカフェ」の実践から

堅田香緒里

5・1　平等を求める思想

ベーシックインカムに惹かれた二つの理由

私は「フェミニズム」と関わらせながら、ベーシックインカムについて皆さんと一緒に考えていきたいと思います。まず初めに、私自身がどうしてベーシックインカムを要求したり、研究したりするようになったのか、その話から始めさせてください。

私がベーシックインカムに惹かれたのは、きわめて単純な理由からでした。第一に、当時大学院生だった私は、自分の「物質的な要求」としてベーシックインカムを欲していました。その頃私は、奨学金（という名の借金）を利用し、ほぼ毎日アルバイトをしていたにもかかわらず、高額な授業料と日々の生活費のためにギリギリの生活をしていました。大好きな本を一冊買うにも、その都度逡巡《しゅんじゅん》していたのを覚えています。そして、日々のギリギリの暮らしにやるせなくなっていた頃、ベーシックインカムのアイデアに出会いました。これがあれば好きなことを学びながら、もっともっと自由に生きることができるのではないか――

そんな希望がベーシックインカムにはありました。

第二の理由は、私が研究していたテーマ――貧困や対貧困政策――に関わるものです。貧民への社会的な扶助というのは、資本主義の初期から連綿と続いていますが、それは常に、貧民の「分類」とともにありました。なかでも、そうした分類の基準として中心的／支配的だったのが、「労働」をめぐるものです。働けるか／働けないか、あるいは働く意欲があるか／ないか、といった軸によって貧者は序列化され、分類され、そのカテゴリごとに財が配分されたり、されなかったりしてきました。

このことは当然、賃労働の中心性を維持する資本主義社会のあり様をそのまま反映しています。それはまた、労働のみならず、既存のジェンダー秩序を反映するような構造――相対的に男に有利で、女に不利な構造――を維持してもきました。労働やジェンダー、そしてときには道徳に基づく貧者の分類や序列化は、対貧困政策のなかに深く浸透し、スティグマと分断を生み出し続けてきました。

こうしたあり方に疑問を抱いていた私にとって、ベーシックインカムというアイデアは非常に魅力的に映りました。はじめてこのアイデアに出会ったとき、とてもワクワクした気持ちになったのを覚えています。貧者に対する扶助の歴史に常につきまとってきた分断やスティグマを拒否し、平等を求める思想がベーシックインカムには込められているのではないか、と。ベーシックインカムのアイデアを耳にして、私のようにワクワクした気持ちになる人も少なくないと思います。だからこそ、立場や地域を超えて、多くの人にこのアイデアが届いていったのだし、アーティストのエノ・シュミットさんが、その実現に向けた運動に火をつけ、国境を超えて社会を大きく動かしつつあるのも、運や偶然の結果ではないと思います。

さて、ここからは、あまりワクワクできない日本の現状を、特に女性をめぐる状況に光を当てて、少しご紹介したいと思います。

5・2　「活」であふれる日本

就活から寝活まで

ここ10年くらい、にわかに氾濫するようになった言葉に〝活〟というのがあります。「活動」や「活用」といった言葉の略として用いられることが多いようです。就職活動を指す「就活」を筆頭に、結婚相手を見つけるための様々な活動を指す「婚活」、妊娠するために行う活動を指す「妊活」、子どもを保育所に入れるためになされる活動を指す「保活」、はたまた離婚のための活動である「離活」など。皆さんも、あらゆる場面で、日常的に「活」という言葉を耳にしたり、用いたりしているのではないでしょうか。

最近では「終活」もブームだそうです。これは、自らの葬式や墓の準備、あるいは相続関係の手続き等をすべて済ませておくことで、残された人に迷惑をかけずにきれいさっぱり死んでいくための準備をすることを指すようです。

かつてイギリス福祉国家は、人が「生まれてから死ぬまで」の生活を保障しようと、ライフサイクル上生じ得るあらゆるリスクに対応するような包括的な社会保障を体系化し、その体系は「揺りかごから墓場まで（from the cradle to the grave）」という、かの有名な標語を生み出しもしました。翻って現代日本では、「妊活から終活まで」。もはや人は、生まれ落ちた／産み落としたその瞬間（あるいは、それ以前）から、死を迎えるその瞬間（あるいは、その後）まで、「活動」し続けることを求められているようです。

以上は、いわゆる「活動」に関わる「活」の例ですが、これら以外にも「活用」に関わる「活」の例を挙げることもできます。

一日の始まりである朝の時間を有効に活用しましょう、という「朝活」は、一時期ちょっ

とした ブームになりました。出勤前の朝の時間を、ジムでトレーニングしたり、英会話の勉強をしたりして「自分磨き」のために活用しましょう、朝日のなか行うモーニングヨガで、呼吸と気持ちを整えましょう、ランチミーティングならぬ朝食ミーティングで、早朝からビジネスを先取りしましょう、といったものです。

最近では「寝活《ねるかつ》」といって、睡眠時間を有効活用しましょうというものもあるそうです。スチーマーや加湿器をつけて寝たり、就寝前にサプリメントを摂取するなどして、寝ている間に肌の再生や修復を促し美しくなりましょう、あるいは、寝ている間に記憶を定着させて、効率よく学習しスキルアップを図りましょう、といったものが喧伝されています。

このように、ある一日だけを切り取ってみても、朝起きたその瞬間から、寝る瞬間まで、もとい、寝ている間の時間までをも有効に活用しましょう、と促されているようです。こうして私たちは、誰もかれもが、朝起きてから眠るまで、そして生まれてから死ぬまで、「活動的であること」、時間や能力を有効に「活用すること」を期待されるというわけです。

とにかく「活動」「活用」を促される状況。そうした状況を、とにかく「就労（ワーク）」を促すようなワークフェア型の仕組みを「ワークファースト」と呼ぶことにならって、ここでは「活ファースト」と呼んでみようと思います。

そして、こういった「活ファースト」とも呼べる動きが、最も深く、広く浸透している領域の一つが、女性の生＝労働をめぐるそれではないでしょうか。

5・3　女性「活躍」政策の背景と文脈

不思議なこと

政府は近年、これまで以上に女性の「活躍」や「活用」をアピールするようになり、2015年には「女性活躍推進法（正式名称：女性の職業生活における活躍の推進に関する法律）」なる法律も成立しました。一見すると、女性にとって望ましい政策が実現していくかのようにも思えますが（そして実際、そういった面もあると言えばあるのですが）、ここでは少し立ち止まって、近年の女性「活躍」政策の背景や、その文脈について考えてみましょう。

今日の女性の生＝労働をめぐる状況を見てみると、一方では高所得キャリア女性の「活躍」が喧伝されていますが、他方で、シングルマザーや単身女性の低賃金、貧困の問題が「社会問題」化してもいます。特にシングルマザーの貧困問題は深刻で、たとえば全国母子世帯等調査（2011年）によると、シングルマザーの平均年間就労収入は181万円で、100万円未満が28・6%、100〜200万円未満が35・4%と、200万円に満たない世帯が約6割を占めています。

しかし政府は、女性の「活躍」「活用」を声高に謳いながら、不思議なことに、そうした女性の貧困や分断、女性間の格差にはほとんど言及しませんし、また、それへの対策についても用意しないままです。

そもそも「女性活躍推進法」に基づく施策は、「働く場面で活躍したいという希望を持つすべての女性が、その個性と能力を十分に発揮できる社会を実現する」ことを目的としています（傍点筆者）。それはたしかに、「働く」女性にとって、いくつかの面で具体的な改善をもたらすものであり、特に就労シーンにおける男女平等実現に向けて、一定の成果をもたらしたと言えるのかもしれません。

しかし、ここで「働く」とは、賃労働／生産労働のことを指しており、家事労働／再生産労働は含まれていません。このため、育児や介護などの家庭責任を担っていたり、なんらかの事情でそもそも「働く場面で活躍したい」という希望すら持てない／持たない女性のことは考慮されていません。また、たとえばシングルマザーのように、賃労働と家事労働の両方を一人で引き受けざるをえない女性のこともほとんど考慮されていません。この場合、賃労働にそれほど多くの時間を割けないため、その彼女の「働く場面で活躍したい」という希望を実現するには、無料ないし低価格で安定的に確保可能な保育サービスや、短時間の就労でも生活に支障のないような十分な賃金と社会保障の確保が欠かせないはずですが、それらを充実させようという動きもほとんどありません。

他方で政府は同時期に、「労働力不足」解決のため、「少子化対策」を狙った「女性手帳」や「3年育休」などの提案を次々と打ち出していたことを忘れてはならないでしょう。

「女性手帳」とは、出産適齢期を過ぎると女性は妊娠しにくくなるという「医学的知見」を広めることで、女に——とりわけ若年層の女性をターゲットに——「産む」ことを促すような内容のものでした。しかし、そもそも妊娠も出産も、そしてその後の育児にしても、男女がともに関わる問題です。また、子どもを安心して産み・育てるためには、保育所のさらなる充実や子育て世帯を対象とした各種手当等、様々な環境や制度の整備が必要になってきます。にもかかわらず、子どもを産み・育てるための諸制度の整備は不十分なまま、女の身体（のみ）に介入し、「産む」ことを求めるようなもの、それが「女性手帳」の内実でした。

また、「3年間抱っこし放題」とも言われた3年育休。こちらも、育休復帰後の女性のキャリア保障のための十分な政策を欠いたまま提案されました。そもそも、男性の育休取得率は3%前後に過ぎず、またその期間も非常に短期間であるという現状においては、育休の長期化は、女性の社会進出を支援するものというよりはむしろ、ますます女性を家庭内に囲い込みかねないのではないでしょうか。それでは、子育ては「母親」がするものとの価値観を強化しかねず、女性の家庭責任は重くなりかねません。

女の身体は骨の髄まで侵略される

さて、このような文脈における女性「活躍」「活用」政策において注意すべきは、家事労働／再生産労働の領域までを視野に含めた性別役割分業に関する取り組みに乏しく、実質的な男女平等の達成にはほど遠いということです。家族——より正確には、妻や嫁などの家族のなかの女——を福祉の「含み資産」と考える姿勢、女のシャドウ・ワークに依存する姿勢は、相変わらず維持されているのです。だから、一連の女性活躍政策が意味するのは、政府にとって女性は、いまや単に「子産み・子育て要員」であるだけではなく、「労働力」としても重要な資源・人的資本とみなされるようになり、「成長戦略」の要として位置づけられるようになった、ということです。決して「子産み・子育て要員」として期待される度合いが減ったわけではなく、これまでと同様「母親」として少子化の解消に貢献することと同時に、さらに働いて労働力不足の解消にも貢献することが求められているのです。もともと存在していた女性の「二重負担」が維持・強化されつつある、と言ってもよいかもしれません。残念ながら、一連の政策が一義的に目指しているのは、やはりあくまでも「成長戦略」の一環としての女性の「活用」であり、女性の「支援」ではない、ということでしょう。

こうして、女の身体、生=労働はますます侵略され、骨の髄まで「活用」されようとしているのです。

これに対して、「活躍」すること、あるいは自分の持っているなんらかの「能力」を「活用」して貢献することを目指したり、それらを支援したりするのではなく、そもそも「活躍」や能力の「活用」なんかしなくても生きていくし、それでいいのだ、ということを保障しようとするのが、ベーシックインカムのアイデアです。この意味で、「活ファースト」とも呼べる社会に対する一つの抵抗として、ベーシックインカムは大きな意味を持つ、と言えるのではないでしょうか。

５・４　三つの分断

世界での浸透とは裏腹に

ところで、日本でベーシックインカムのアイデアが知られるようになってきたのは、２００５年頃からでした。当時は、とりわけ女性や障害者、プレカリアートなど、労働市場から相対的に排除ないし周辺化されてきた人たちが、このアイデアに注目していたように思います。２００８年頃からは、東京で行われている「自由と生存のメーデー」というプレカリアートのデモ／集会でも、時折ベーシックインカムに言及されるようになりました。山森亮さんの『ベーシック・インカム入門』が出版されたのも２００９年でした。

私自身も、この頃から「ベーシックインカムについて話してほしい」ということで、様々な集会に声をかけていただくことが増えてきました。このような、労働市場から相対的に排除ないし周辺化されてきた人たちを中心にベーシックインカムのアイデアが広まっていくという状況は、日本に限らず、世界の各地で同時進行的に起きていたように思います。

しかし、こうしてベーシックインカムのアイデアが少しずつ広がり、運動も広まっていくにつれ、残念ながら、いくつかの「分断」もまた少しずつ生じてきたように思います。ここでは、私自身が直面した三つの分断について説明したいと思います。

まず一つ目は、「男／女」の分断ないし序列です。一例を挙げましょう。「ベーシックインカム世界ネットワーク（以下、ＢＩＥＮ）」という、ベーシックインカムを要求する様々な人びとをつなぐために２００４年に生まれた世界的なネットワーク[*1]があります。ＢＩＥＮは、研究者だけではなく市民活動家や議員、学生、アーティスト、ＮＧＯ等が世界中から参加し、議論することのできる場で、ベーシックインカムについて考えたりこれを要求したりする人にとって、大変貴重なプラットフォームになっており、多くの「女性」も参加しています。

しかし、組織の方向性を決定する権限を持つ理事メンバーの多くは、設立当初から一貫して「男性」が占めてきました。[*2]もちろんこれは、ＢＩＥＮという組織に限った問題ではなく、私も、ひとりＢＩＥＮのみを批判したいのではありません。

ともあれ、こうした男性中心主義的な傾向は、ベーシックインカムをめぐる議論にも反映されています。民主主義の土台としてベーシックインカムを擁護してきたキャロル・ペイトマン（Carole Pateman, 1940 -）というフェミニスト政治学者は、こうした傾向を批判し、従来のベーシックインカムをめぐる議論の多くがジェンダーに無自覚であったと喝破しています。

実際、２００６年に第一巻が発刊されたベーシックインカムをテーマとする最初の学術雑誌“Basic Income Studies”でも、ジェンダーやフェミニズムとの関わりでベーシックインカムを考える特集が組まれたのは、発刊からおよそ2年も後の２００８年のことでした。

二つ目の分断は、ベーシックインカムを研究する研究者とベーシックインカムを要求する市民との間の分断です。元来、研究と運動はそれほど綺麗により分けられるものではありませんし、ベーシックインカムに関する研究も、ベーシックインカムを要求する運動も、世界中でそれなりに展開されつつあり、互いに影響を与え合ってもいます。それでも、一部の例外をのぞいて、両者の間に必ずしも有機的な繫がりや協働が生まれているわけではないようです。

ただし、両者の繫がりを少しずつでも構築していこうという試みも各地で生まれつつあります。たとえば、２０１４年にモントリオールで行われたＢＩＥＮ大会では、韓国の「ベーシックインカム若者ネットワーク（Basic Income Youth Network）」（以下、ＢＩＹＮ）のメンバーである女性アクティビストたちが発起人となり、ベーシックインカムの世界若者ネットワークを立ち上げようという会議が持たれたことがあります。

そこでは、（当時の）ＢＩＥＮ等のネットワークにおいては、設立当初から関わっている古株や中堅の研究者メンバー（「男性」）がその中心を占めており、そのために若者の声が届きにくい／聞かれにくくなっており、また、研究者と市民活動家の連帯や協働もスムーズに進んでいないのではないか、といった問題が提起され、共有されました。

そこで、ＢＩＹＮの女性たちが、若年層のアクティビストを中心とした新しい世界ネットワークをつくらないかと呼びかけたのです。私も含め、この会議に集まった仲間はみんな、この新しいアイデアにワクワクしていました。しかし、この試みは残念ながら、それぞれの多忙や言語の差異、時差の問題でなかなかうまく進まず、頓挫してしまいました。

三つ目の分断は、ベーシックインカムに関して生じたフェミニズム内部の分断です。ここでは、私自身にとって印象的だった出来事を一つご紹介したいと思います。

２０１０年、女性の貧困問題を可視化し、改善するために組織された「女性と貧困ネットワーク」の集会に、私はスピーカーとして招かれ、ベーシックインカムの話をしたことがあります。それまでにも何度か、ネットワークの女性メンバーの何人かとお話しする機会があり、ベーシックインカムは、女性の貧困問題の解決のためにも重要な政策構想の一つであるという考えを互いに共有しているということもあって、集会に招かれたのだと思います。

ところが、集会当日、私の話が終わると、会場にいた女性の一人が「私たちは、こんな夢物語が聞きたいんじゃない。児童扶養手当や生活保護等の今ある社会保障制度をどう守っていくかのほうが喫緊の課題なんだ」と、声を上げました。

そう、ベーシックインカムは、ある女性にとっては「夢物語」、いわばユートピアであり、現実に要求すべきものではない、ということなのです。女性の貧困問題に取り組んでいる女性たちの間でも、ベーシックインカムをめぐっては意見が分かれ、そこに分断が生じているようでした。

とはいえ、児童扶養手当や生活保護は、当時も今も常に削減のプレッシャー下に置かれており、その意味では、とにかくそうした既存の制度を守っていくことが大事なんだという彼女の主張には、私も首を縦に振るばかりです。

私自身は、ベーシックインカムを要求することと、既存の社会保障制度を守っていくこと／よりよい方向での改正を目指すことは必ずしも矛盾することではないし、とりわけ女性の貧困問題を解決するには、両方とも重要なことであると考えています。

5・5　現代社会に対する「抵抗」

「夢物語」を現実にするための試み

このように、分断を拒否し、平等を志向しているはずのベーシックインカムなのに、このアイデアをめぐってむしろ様々に張り巡らされ始めた分断線に私は辟易《へきえき》していました。そして、こうした分断を乗り越えるにはどうしたらよいか模索する日々が始まりました。その過程で、たくさんの尊敬すべき素晴らしい仲間に出会い、二つの新しい取り組みに関わるようになりました。以下では、これらの取り組みについてご紹介させてください。

まず私は、フェミニストの先輩・仲間と一緒に、これまでにないような新しいベーシックインカムの本をつくろうと決めました。このとき、誰よりもこの本づくりに熱意をもって取り組んでいたのが、長年介護の現場に関わり続けたケアワーカーであり、『介護労働を生きる』（2009年、現代書館）の著者でもある白崎朝子さんでした。彼女の熱意と人脈に動かされ、ようやく私たちの本は動き出しました。そして、野村史子さん、屋嘉比ふみ子さんという強力な編者を迎えて、２０１１年、『ベーシックインカムとジェンダー』（現代書館）が完成しました。[*3]

　私たちがこの本をつくるときに大事にしたことは、少なくとも三つあります。一つ目は、アカデミズムの世界において忘却されてきた、あるいは耳を傾けられてこなかった、草の根の声に光を当てること、二つ目は、「男」の声にかき消されてきた「女」の声に光を当てること、そして三つ目は、一枚岩ではない、できるだけ雑多な「女」の声を拾い集めること、それゆえベーシックインカムに対する反対や懸念の声も排除しないこと、でした。

　こうしてでき上がった本は、シングルマザーや学生、アーティストやケアワーカー、レズビアン活動家やペイ・エクイティを求めて闘い続けている女性、反婚を求める女性等、実に様々な「女」たちが、ベーシックインカムをめぐって、自由でみずみずしい議論を展開する素晴らしいものとなりました。

　この本は、日本で初めてのジェンダー視点から編まれたベーシックインカムの本であると同時に、雑多な「女」たちの雑多な声を拾い集めた「証言集」でもあると思っています。

「夢物語」をともに生きるための試み

ベーシックインカムをめぐる分断に辟易していた私が取り組み始めたもう一つの試みが、「ゆる・ふぇみカフェ」というフェミニスト・コレクティブの活動です。

ゆる・ふぇみカフェは、私の尊敬する二人の友人、熱田敬子さんと梁・永山聡子さんの発案から始まりました。それ以前から、日本軍戦時性暴力／性奴隷制の問題をはじめとするフェミニズムの実践に関わってきた二人は、その経験から「なぜ、ジェンダー・フェミニズム運動は連帯できないのだろう?」と疑問を持ち、その疑問に端を発して、互いに異なる個人一人ひとりが尊重されるような場所として、ゆる・ふぇみカフェを構想しました。[*4]

こうして、二人の思いに共感するメンバーが自然と集まり、2014年に、最初のゆる・ふぇみカフェのイベントが実現しました。メンバーの多くは、20代・30代の女性ですが、学生や研究者、会社員、主婦やデザイナー、アーティスト等様々で、だからこそ、互いに相手の思いや考えを聞くことを心掛け、丁寧な場づくりをしてきました。

さて、ゆる・ふぇみカフェでは、その名称からも想像可能なように、フェミニズムを「友人とともにお茶を飲むようなカジュアルな雰囲気で伝えたい」ということを大事にしています。メンバーの間には、フェミニズムを一方的な「講義形式」ではなく、もっともっとクリエイティブな方法で伝えてみたい、これまでにないような創造的で自律的なフェミニズム空間をつくりたい、フェミニズムが本来持っているはずの創造的な力を引き出したい、という共通した熱い思いがあります。そう、ゆる・ふぇみカフェは、「学校でも、研究会でも、アートプロジェクトでもない、まったく新しい空間」をつくろうという試みなのです。

もう一つ、私たちが大事にしているのは「インターセクショナリティ（交差性）」という考え方です。当たり前のことですが（そしてすぐに忘れられがちなことでもありますが）、私たちは一人ひとり、異なります。「女性」と一口にいっても、たとえば、障害や人種、階級や国籍、性的指向や年齢等によって、その経験は――差別や抑圧の経験も――一人ひとり異なるわけです。このような異なりを、無視してもかまわない小さな差異としてではなく、きちんと捉えようとするとき、「インターセクショナリティ」の考え方が重要になってきます。

この言葉をフェミニズム研究に最初に持ち込んだキンバリー・クレンショー（Kimberlé Williams Crenshaw, 1959-）は、従来のフェミニズムが「性差別」を問題化するとき、それは「白人の、中産階級の、女性」を念頭に置いたものに過ぎなかったこと、そして、黒人の、あるいは労働者階級の女性の問題を理解するには、「インターセクショナリティ（交差性）」

の視点が欠かせないと指摘しました。

この視点が教えてくれるのは、「黒人の、労働者階級の、女性」の経験は、「女性」というカテゴリーに基づく抑圧の経験に、「労働者階級」というカテゴリーに基づく搾取の経験、そして「黒人」であることにともなう差別の経験を付加していくような、「足し算」方式では理解することはできないということです。

そもそも「女性」という概念にはどのような階級的／人種的意味づけがなされてきたか、「労働者階級」という概念はどのような性的／人種的な意味を内包してきたか、「黒人」概念に伴う性的／階級的含意とは何か、といった、カテゴリー間の「交差」を考えることなしには「黒人の、労働者階級の、女性」の経験や社会的位置づけは理解できないのです。

ゆる・みふぇカフェでは、この視点を大切に、「女性」というカテゴリーは一枚岩ではないこと、「女性」という集団内部にも経験の差異や権力の格差が存在するということをふまえ、できるだけシングル・イシューに限定しないよう、様々なトピックを積極的に取り上げるようにしてきました。そうして、「自分とは異なる他者と共に生きる空間」をつくるために試行錯誤してきたのです。

私たちは、「障害」があること、仕事が不安定で貧しいこと、「日本人」ではないこと、

「異性愛者」でないこと、子どもがいること／いないこと……様々なことでバラバラにされてきて、疎外感を覚えたり、自分の「問題」でいっぱいいっぱいになってしまったりで、連帯の夢を見ることを遮られてきたのかもしれません。だからこそ、ゆる・ふぇみカフェでは、それぞれの人が自分らしく生きる力を引き出すフェミニズム空間をつくろうと、雑多であることを大切にしているのです。これって、なんだかベーシックインカムのアイデアに通じるものがあると思いませんか？

ゆる・ふぇみカフェの挑戦

ゆる・ふぇみカフェについてもう少し具体的に説明させてください。私たちは、だいたい年に一回「領域横断ジェンダー×カフェ・イベント」を開催しています。これまでにのべ４００名以上が参加してくれました（写真7、186ページ）。

イベントのプログラムは、トークセッションだけではなく、アートや写真の展示、映画上映、音楽や腹話術、ポエトリーリーディング等のパフォーマンス、古本やグッズを売るショップ等、様々で、これらがまるでフェスのように同時並行的に楽しめる仕掛けになっています（写真8、186ページ）。また、「カフェ」と銘打っていることからもご想像いただけ

（上）写真７　実際のゆる・ふぇみカフェのイベントの様子。（中）写真８　トークだけではなく、腹話術などのパフォーマンスも。（下）写真９　ゆる・ふぇみカフェでは「食べること」も大切にしている。

るように、軽食やドリンクも用意しています。メンバーの多くが食いしん坊ということもありますが、イベントにおいても「食べること」を大事にしているのも、ゆる・ふぇみカフェの大きな特徴かもしれません（写真９）。

このカフェ・イベントの多彩さは、そのテーマの豊かさにもつながっています。たとえば２０１７年は、女性の「はたらく」を支援するキャリアカウンセラーや、「産む」を支える助産師、朝鮮学校差別問題等の解決のために国際的な働きかけを行ってきた女性、少女マンガやサブカルチャー、恋バナ等について発信してきたライター、自立生活を送る知的障害／自閉の人の親、等々、様々なゲストを招き、幅広いお話を展開してもらいました。

トークの他にも、セックスワークに関する絵の展示や、海南島に暮らす戦時性暴力被害を受けたあぽ（現地の言葉でおばあちゃんの意味）の写真の展示、インターセックスをテーマにした香港のドキュメンタリー映画の上映、朝鮮学校美術部の高校生による戦争等をテーマにした作品の展示、島ぐるみで反・原発を続けている祝島《いわいしま》に通い続けるライターのミニトークつき特設カフェコーナーなど……様々なテーマ・トピックが、様々な手法で伝えられる空間になっていました。

また、会場はバリアフリーである他、「たくさん人が集まれば、そのなかに子どもも必ずいるだろう」という考えの下、段ボールや畳を用いたキッズ・スペースを設けるよう心掛けてきました。回を重ねるごとに、キッズ・スペースのあり方にも工夫と変更が加えられ、同じく2017年のイベントでは、なんと会場のど真ん中にキッズ・スペースを設置する！ということにチャレンジしてみました（写真10、188ページ）。

この大胆な試みの背景には、キッズ・スペースといっても、子どもを会場の後方や片隅に

写真10　会場のど真ん中！　に設けられたキッズ・スペース。

まとめて「隔離」するような空間は、私たちの求めている形ではないんじゃないかな……というメンバーたちの思いがありました。大人と子どものいる空間をあえて「分けない」空間づくりのための一歩が、〃キッズ・スペース会場ど真ん中！〃プランだったわけです。この試みは、メンバーにとっても参加してくれた人たちにとっても、また大人にとっても子どもにとっても思いがけず、新鮮で気持ちのいいものでした。

ゆる・ふぇみカフェでは、このようなフェス的なカフェ・イベント以外にも、随時、スピンオフのイベント等も開催してきました。なかでも大切にしてきたのが、「大人と子どものゆる・ふぇみ遠足」です。ゆる・ふぇみカフェのメンバー間にも、子どもとともに生活している人とそうでない人がいます。そこで、まずは互いを理解し合うために、子どもとともに生活している大人と、そうではない大人と、子どもとで一緒にお出かけしてみよう！　ということで始まりました。そうして水族館や公園に出かけたり、メンバーの自宅で一緒に味噌づくりをしたり、と、時間と空間を共有するなかで、互いに様々な気づきや発見がありました。同じ景色や環境も、子どもと大人では（もちろん、子どもの間、大人の間でも）その感じ方が違うこと、家族以外の大人と接する子どもが、家のなかでは見せないような表情をすること、など。実は、先ほど言及したキッズ・スペースど真ん中計画も、この遠足の経験がくれた気づきから生まれたアイデアなのです。

その他、スピンオフ・イベントとして、映画上映会やトークセッション等も随時開催してきました。香港の雨傘運動に関するトークショーや映画上映会、中国・ロシア・朝鮮のフェミニズムに関するトークセッション、中国のヴァギナ・モノローグスに関する映画上映&トークセッション、日本在住の朝鮮人「慰安婦」被害者である宋神道《ソンシンド》さんの闘いを描いたドキュメンタリー『オレの心は負けてない』の上映会等など、こちらも多岐にわたるテーマを扱ってきました。

ゆる・ふぇみカフェは、ともすれば、その名称から「ゆるふわ女子」のような類のものと勘違いされることもあるのですが、このように、取り扱うテーマは案外「ハードコア」だったりするので、その意外性にびっくりされることもあります。

ともあれ、このように、ゆる・ふぇみカフェは外向きのイベントもたくさん開催してきましたが、それは同時に、内向きにはメンバー間のエンパワメントの空間であったりもします。つい無理をして頑張りすぎてしまうメンバーが多いことからも、できるだけ無理をしないで、誰もが楽しく、気持ちよく、それぞれのペースで活動を続けられる道を模索し続けてきましたし、今もその途上にあります。

多彩なゲストを招いてイベントを開催することも素敵だけれど、自分たちのことももっと知り合おう、そして周りの人にももっと知ってもらおうということで、2016年には、ゆる・ふぇみカフェのメンバーを主な執筆者とした冊子「yurufemi magazine」を作成、発行しました[*5]（写真11）。

写真11 “yurufemi magazine”。ゆる・ふぇみカフェの魅力がまるごと詰まっている。

実は、その冊子中の対談企画では、メンバー間でベーシックインカムについて語っているシーンもあったりします。ゆる・ふぇみカフェは、フェミニズムを軸につながるコレクティブであり、ベーシックインカムを要求する団体ではありません。それでも、不思議なことに、メンバーの多くが、ごく自然にベーシックインカムのアイデアを支持しているのです。

でも、よく考えれば、それは不思議なことでもなんでもないのかもしれません。「一人ひとり異なる私たちが、それぞれ自分らしく、ともに生きる力を引き出すフェミニズム空間」をつくるために、雑多であることを心掛けてきたゆる・ふぇみカフェの精神は、雑多なものを雑多なまま、統合したり分断したりせずに、そのまま生を保障しようとするベーシックインカムのアイデアと、きっとその根底で響き合うのでしょう。

＊　＊　＊

以上、私自身も関わってきた、『ベーシックインカムとジェンダー』（前掲）という書籍のプロジェクトと、「ゆる・ふぇみカフェ」というフェミニスト・コレクティブについてご紹介させていただきました。忘却されようとしている「声」を紡ぎ続けること、分断に抗《あらが》って異なる者同士の連帯を諦めないこと……これらの試みは、ある意味で、現代の社会に対する一つの「抵抗」の営みとも言えるかもしれません。本章では最後に、この「抵抗」と、そのための方法についてもう少し考えてみたいと思います。

5・6　現代の魔女とベーシックインカム

女の身体や労働を搾取する「植民地化」

マルクス主義フェミニストのシルヴィア・フェデリーチ（Silvia Federici, 1942 -）は、女の労働、とりわけ家事労働／再生産労働は、資本主義の本源的蓄積において根源的に重要なものであったこと、そしてそのために家事労働に甘んじない女たちは「魔女」とみなされ、抑圧と制裁の対象とされてきたことを、歴史を繙《ひもと》き明らかにしています。[*6]

資本主義下では、労働力の生産も再生産も、家事労働という不払い労働の領域を前提にしており、たとえば「男性労働者」の労働は、女性が家の中で食事をつくり、部屋を整え、子どもを育てるといった一連の家事労働を（不払いで）担っている／きたことによってようやく成立するものです。だからこそ、家事労働／再生産労働を拒否する女たち、あるいはそうした領域のみに閉じ込められてしまうことを拒否する女たちの存在は、資本主義的秩序を乱すもの、すなわち「魔女」とみなされるようになったのです。

「魔女狩り」とは、そのような女たちに対してなされた一連の抑圧と制裁を指します。しかし、その目的は「魔女」の抑圧や制裁そのものではなく、それらを通して、近代的労働力の生産と再生産の社会的基盤を創出することにありました。こうして、女の分断――魔女とそれ以外――を通した統治がますます進行していきます。魔女狩りを通して「魔女」がどんどん異端化されればされるほど、（魔女ではない）女たちの家事労働／再生産労働が、やって当たり前のものとみなされ、不払いのままシャドウ・ワーク化していったのです。

フェデリーチは、このような女の身体や労働を搾取する「植民地化」は、今日のグローバル資本主義においても日々進行していると言います。

５・３（170ページ以降を参照）で言及したような「活躍」や「活用」といった言葉の下で、女性の身体と労働の植民地化がますます進行しつつある「活ファースト」な今日の状況は、まさにその典型だと言えるのではないでしょうか。とするならば、そうした植民地化から自由になり、政府が求める「活躍」や「活用」の彼岸に行くには、「魔女」になるしかないんじゃないか。ここでは、まずはこのように言ってみたいと思います。そして、「魔女」になるための手がかりの一つとして、ベーシックインカムを考えてみたいと思います。

「労働の拒否」「家事労働に賃金を」

資本主義における女性の不払い労働の重要性を最初に指摘し、その可視化に貢献したのは、1970年代にイタリアを中心に展開された「家事労働に賃金を（Wages for Housework）」運動です。運動の中心的担い手であったマルクス主義フェミニストのマリアローザ・ダラ・コスタ（Mariarosa Dalla Costa, 1943 -）らは、それまでは「愛」とみなされることで「労働」とはみなされず、その無制限の搾取を正当化されてきた家事労働も、賃労働同様「労働」なんだ、ということを明示しました。その思想＝運動は、「家事労働に賃金を」というスローガンとともに知られていますが、彼女らが賃金要求とともに「労働の拒否」の戦略を支持していたということはときに見落とされがちです。

注意すべきは、ここで「労働の拒否」というとき、賃労働のみならず家事労働の拒否もこれに含まれるということです。これまで彼女らの思想＝運動はしばしば、「家事労働に賃金を」要求することで、むしろ女を家庭ないし再生産労働に囲い込みかねないものと誤解されてきましたが、それは、この再生産労働／家事労働の拒否の側面が見落とされてきたからかもしれません。

このような彼女たちの運動＝思想に再び光を当て、継承しようとしているのが、フェデリーチの仲間でもある、ジェンダー／セクシュアリティ／フェミニズム研究者のキャシー・ウィークス（Kathi Weeks）です。彼女は、その著書『労働をめぐる問題（The Problem with Work）』において、「家事労働に賃金を」運動を、今日のベーシックインカムの要求へと接続することを試みています。

1970年代当時の運動は、言うまでもなく、社会的工場というフォーディズム体制に依拠して展開されたものでした。しかし今日の賃金関係は、フォーディズムというよりは柔軟性《フレキシビリティ》に基づき、生産と再生産の関係はより複雑化し、両者の境界はもはや自明のものではなくなってきています。このため、今日の労働をめぐる問題は、私たちが「生きるために労働しなければならない、という現実を受容してしまっている」ということにあるのではない、とウィークスは言います。そうではなく、私たちが「自ら進んで労働のために生きている」ということにある、と。だからこそ、労働に隷従しない生のあり様を示してくれるベーシックインカムを要求するのだというわけです。

最も挑発的で不快感を刺激するポイント

あらためて確認すると、ベーシックインカムとは、すべてのひとが、その生活に必要な所得を無条件かつ普遍的に保障されることを要求するものです。資産や所得、労働、家族、人種、性別、婚姻関係、年齢、セクシュアリティ、道徳等に関する一切の条件や序列なしに、ひとはただその生存のゆえにベーシックインカムを要求することができます。働いていてもいなくても、結婚していてもいなくても、子どもがいてもいなくても、かまわないのです。ベーシックインカムは、それが生産労働であれ再生産労働であれ、何らかの「労働」や「活動」、あるいは「貢献」や能力の「活用」に対する〝対価〟としての賃金要求ではありません。だから、何をしていてもよいし、何もしていなくともよいのです。働けなければ働かなくてよいし、働きたくなければ、やはり働かなければよいのです。

このような、労働や活動に「隷従しない」という反禁欲主義こそが、ベーシックインカムの「最も挑発的で不快感を刺激するポイント」だとウィークスは指摘しています。というのもそれは、近代資本主義社会が自明としてきた労働倫理と互酬性／交換の理念に根源的に挑戦するものとみなされ得るからです。ベーシックインカムの要求は、家事労働への賃金要求と同様、賃労働だけが生活保障の唯一の正当な手段であるという考えを拒否することで、私たちに、労働に——賃労働にも家事労働にも——隷従しない生のあり様を示し、欲望に満ちた主体の可能性を開いてくれます。

ベーシックインカムを要求する魔女たちは、もう隷従も禁欲もしないことでしょう。

1 https://basicincome.org/
その前身となるヨーロッパネットワーク（Basic Income European Network）は１９８６年に設立され、２００４年にこの組織が世界ネットワークとして改組された。

2 ２０１８年現在では、こうした傾向は少しずつ是正されつつある。

3 堅田香緒里・白崎朝子・野村史子・屋嘉比ふみ子編著（２０１１）『ベーシックインカムとジェンダー――生きづらさからの解放に向けて』現代書館

4 ゆる・ふぇみカフェの詳細については、熱田敬子（２０１６）「日本軍戦時性暴力／日本軍性奴隷制問題との出会い方――個人的な体験からゆる・ふぇみカフェへ」『季刊・戦争責任研究』87号（２０１６年12月）も参照のこと。

5 表紙だけでなく、紙面の随所にアートワークが施された色彩の美しいオールカラーマガジンは、エッセーの他、詩やグラビア、対談等、読み応えのある多彩なコンテンツを備えている。（デザイン：百﨑ゆう、アートワーク：クラークソン瑠璃）商品として販売する、という形式はとっておらず、ゆる・ふぇみカフェの趣旨に賛同し、１０００円以上のご寄付をいただいた方に、そのお礼として差し上げている。

6 シルヴィア・フェデリーチ『キャリバンと魔女』２０１７年、以文社

第6章

コモンズとベーシックインカム
――「本町エスコーラ」の実践から

山口純

6・1　オルタナティブな社会を模索する

京都の路地裏で

私は京都で「本町《ほんまち》エスコーラ」という場所を仲間とともに運営しています。本町エスコーラは路地裏の8軒の長屋と広場からなっていて、住居、アトリエ、オフィス、コミュニティ・スペースなどとして使われています。

私はベーシックインカムについて特に詳しいわけではありません。建築の研究者であり、実績はあまりないですが建築家です。しかし、オルタナティブな社会のあり方に関心があって、その観点からベーシックインカムに興味を持っています。

本町エスコーラも、オルタナティブな社会のあり方を模索する場です。ここでは、本町エスコーラの活動とその背景にある考えについて説明した後に、ベーシックインカムに何を期待しているかについて述べていきたいと考えています。

大きめのシェアハウスのようなもの

借りた長屋数軒を利用者でシェアしている本町エスコーラは、イメージとしては大きめのシェアハウスのようなものです（写真12）。

写真12　本町エスコーラでの生活の様子

敷地内に住んでいる人もいれば、敷地外に住んでいて、仕事場や遊び場として使っている人もいます。合計で十数人が利用しています。台所と食堂、そしてシャワーは共有です。

時々、イベントも開催しています。イベントは、たとえばモノづくりのワークショップ、勉強会や読書会や対話の会、フリーマーケットや手づくり市やパフォーマンスなどです。月に1回の運営会議を設けていて、利用者で話し合って運営しています。

この場所は、利用者全員が同じ考えで関わっているわけではありません。きっちりと共通の理念に向けて運動しているわけではなく、個々人がある程度バラバラの思いで関わっています。それでも、一応、最初から掲げてきたコンセプトはあります。

エスコーラという名前は、ポルトガル語で「学校」を意味します。これは、ブラジル音楽をやっているエスコーラ代表の佐々木暁生が名づけました。ブラジルでは、サンバなどの音楽を演じる単位もエスコーラと言うそうです。佐々木はマラカトゥというブラジル北東部の音楽をやっていて、彼が、そうした活動の拠点となるような場所をつくろうとしたのがこのプロジェクトのきっかけです。

彼が声をかけることによって私を含むメンバーが集まり、ここをどのような場所にしていこうかと、いろいろと話し合いました。そこで話し合ったことをもとに私がまとめたコンセプトが、「自律的コミュニティ」「自律的建築」「自律的インフラ」という三つのキーワードでした。

6・2　対話ができる人間関係を求めて

対話は単なる情報伝達ではない

まず、「自律的」という言葉で言おうとしているのは、自分の価値観に準じて生きることができるということです。[*1] 自分の価値観に準じて生きることができれば、フィードバックがあり、その価値観を更新していくことができる。しかし、それは自分ひとりで可能になるものではなく、環境との関わりのなかで可能になるものです。自律的コミュニティとは個の自律的なあり方を可能にする社会的な環境です。それは端的に言えば、対話のできる人間関係を指しています。

現代の社会生活においては、いろいろな「立場」上の制約や、自分は「こうあるべき」だという規範が強く、自分の感じること、「本当はこう思う」ということを話し合うことができない状況が多いように思います（たとえば会社における上司と部下の関係、学校における先生と生徒の関係はそうなりがちではないでしょうか）。

また、話し相手に対しても「こうあるべき」というあり方を押しつけて、それに従わない相手とは話ができないと感じることも多いでしょう。しかし、相手や自分の「こうあるべき」という規範に固執して変化を拒むとき、対話というものは成立しなくなります。また、規範としては意識されていないような感情の自動反応も対話の邪魔をします。たとえば、相手の反応が怖くてしゃべれないといったような感情です。

対話とは、そうした規範の抑圧や感情の自動反応を取り外すような話し合いのあり方であり、そこでは自分や相手についてのモデルや物事の感じ方が更新されていくことになります。そのような規範の更新を「学び」あるいは「探究」と呼ぶことができます。[*2]

コミュニティをつくろうと思うと、どうしても組織形態やルールに意識が向きます。枠組み、仕組み、モデルといったものです。また、コミュニティでは、何について、誰が意思決定を行い、その情報がどう伝達され、誰が実行するのか、といったことが問われます。

もちろん、それも重要でしょう。しかし、組織形態やルールより大切なのは、その組織のなかのコミュニケーションの実質ではないでしょうか。組織形態やルールは物事を固定しようとしますが、対話は変化を歓迎します。

対話とは、情報伝達ではありません。情報が伝わってもよいのですが、情報が伝わればよいということではありません。情報を発する側や受け取る側の、情報の捉え方が更新されるというのが対話であって、そこにはいつも即興性や不確定性があります。ですから仕組みが必要とされるとしても、それは常に即興性を可能にするための手法としてです。

当事者研究とオープン・ダイアローグ

では、本町エスコーラではそのような対話はできているのか。残念ながら、そんなことはありません。というより、全然うまくいっていないといったほうが正確かもしれません。共有の空間を運営していれば、誰がトイレを掃除するのかといった小さなことから全体の方針のズレのような大きなことまで、常に問題が生じて議論が紛糾し、仲が悪くなり、対話が難しくなります。しかし、こうした困難も、運営してみなければ分からなかったわけで、これも私たちにとっては探究のきっかけです。

対話を可能にするために参考になると思っているのが、当事者研究というアプローチやオープン・ダイアローグという手法であり、両方とも精神医療の文脈で生まれてきたものです。[*3]

当事者研究とは、精神障害の当事者が自分の病について研究するというものです。[*4] 自分の抱えた困難を、研究対象として切り離した上で、同じように困難を抱えた他者との対話を通じて研究する。そのことが回復に繋がるとされます。

本町エスコーラでの読書会、そして対話の会も、一種の当事者研究の場となることを意図しています。また運営会議も、目的に焦点を当てた意思決定の場というより、対話の場としていきたいと思っており、そのためには自分たちの問題を個人に帰属させずに対象化して研究するのだという当事者研究の態度が有効だと考えています。

といっても、こうした対話はやろうと思ってやるより、偶然の機会に非形式的に生じることが多いと思います。偶然の対話が生まれる余地を用意すること、偶然に生じた対話の芽を摘まないようにすることを心がけながら運営しています。

先に触れたオープン・ダイアローグとは、フィンランドで統合失調症に対する治療法として開発されたものです。

そこでは、ロシアの哲学者ミハイル・バフチン（Mikhail Mikhailovich Bakhtin, 1895-1975）の「ポリフォニー」の概念が参照されます。[*5]「自立しており融合していない複数の声や意識、すなわち十全な価値をもった声たちの真のポリフォニー」という言い方をバフチンはしています。[*6]

この「声」という言葉を「物語」と解釈すると分かりやすいと思います。普通に人が集まって話していると、どうしても声の大きい人がいたり、同調圧力がかかったりして、物事を一つの物語の筋に集約して理解するようになりがちです。

しかしオープン・ダイアローグは、基本的には患者とその家族と医者が対話をすることで治療しますが、その治療というのは、対話のなかで、患者が固執する物語を、別のたくさんの物語で薄めていくことでなされるようです。同じ物事を、違う人たちは違うように見ているわけです。その違いを浮かび上がらせるために、一つの物語だけが場を支配することを周到に避けます。

具体的には、たとえば、リフレクティング・プロセスといって、話し合う人の組み合わせを時間ごとにシフトさせ、対話に断絶を生むことで、複数の物語が共存するように導きます。

エスコーラでも、このリフレクティング・プロセスを試しにやってみました。もし、コミュニティづくりのための仕組みやルールが必要だとすれば、それはそうしたルールがなければ勝手に生まれてきてしまうルール（大きな声の支配）をキャンセルするためであるように思います。

自律的建築と自律的インフラ

次に、本町エスコーラのコンセプトになっている「自律的建築」「自律的インフラ」について説明しましょう。

まず、「自律的建築」とは、自分たちの生活環境を自分たちの価値観に準じて自分たちでデザインしようというものです。自律というのは、社会的な環境だけによって成り立つのではなく、人間以外の自然やモノの環境との関わりのなかで成り立ちます。私たちは、自分たちの価値観に準じた生活環境や生活基盤のデザインを通すことで、自分たちの価値観を探究することができると考えています。具体的にエスコーラでは、DIYワークショップによる建物の改修などを行ってきました。この、自らの生活基盤は自分たちでつくろうというのが「自律的インフラ」です。

本町エスコーラでは、現在、広場のエコロジカルな環境を少しずつ整備し始めています。たとえば、地面に溝や穴を掘って空気が通るようにしました。[*7] これによって土壌の生態系が改善され、生えてくる植物も変わってくると考えています。もちろん、量は多くないものの、野菜なども自分たちの手でつくっています。ちなみに、発電や井戸掘りも自分たちで行いたかったのですが、これはまだ実現していません。

「中間領域」を失った現代の建築

建築というのは、しばしば人間の自律性を奪うようにデザインされてきました。建築家の山本理顕が指摘するように、[*8]現代において普通に見られる、仕事場からは切り離され、住むためだけにつくられた「住居」というものは、近代の労働者住宅に始まります。

それ以前は、都市の住宅でも農家でも、住宅は仕事場でもありました。そして都市住居の「店」の部分や、農家の縁側は、私的空間と公的空間の「閾《しきい》」の領域、あるいは中間領域であり、コミュニティを生み出す機能を持ちました。

それが、産業革命を経て工場でたくさんの労働者を働かせるようになると、労働力を標準化、均一化して再生産するための手段として、住むためだけの住宅が発明されたのです。労働者をコントロールするために、人びとのコミュニティを（労働者の再生産の単位としての）「家族」に分断し自律性を奪うことが、住宅には求められました。だから、そこには中間領域がありません。現代のマンションでは鉄の扉で私的な領域が区切られています。こうした生活環境では、隣にどんな人が住んでいるのかを知らなくても生活することができます。

では、人の自律のための建築は、どのようにすれば可能なのでしょうか。空間的には、私的領域と公的領域の間の中間領域の存在がコミュニティの自律のために求められます。そして、建築が生み出されるプロセスについて言えば、居住者自らが（あるいはそのコミュニティが）デザインするということが求められると考えています。

「他律的住居システム」から「自律的住居システム」へ

参考になるのが、イギリスの建築家ジョン・ターナー（John. F. C. Turner, 1927-）の「自律的住居システム」の理論です。[*9] ターナーは1950～60年代のラテンアメリカにおける調査研究を通して、スクウォッティング（空き家を占拠すること）のようなインフォーマルな住居に積極的な価値を見いだしました。[*10]

ターナーは、スラムクリアランス（貧困層が多く住む地区〈スラム〉の生活状況を解消〈クリアランス〉するための対策）の後に建てられる公共住宅のように行政が中心となって計画・建設・管理する「他律的住居システム」（heteronomous housing system）と、インフォーマルな居住地のように利用者が中心となって計画、建設、管理を行う「自律的住居システム」（autonomous housing system）を対比します（図1、212ページ）。そして、利用者のニー

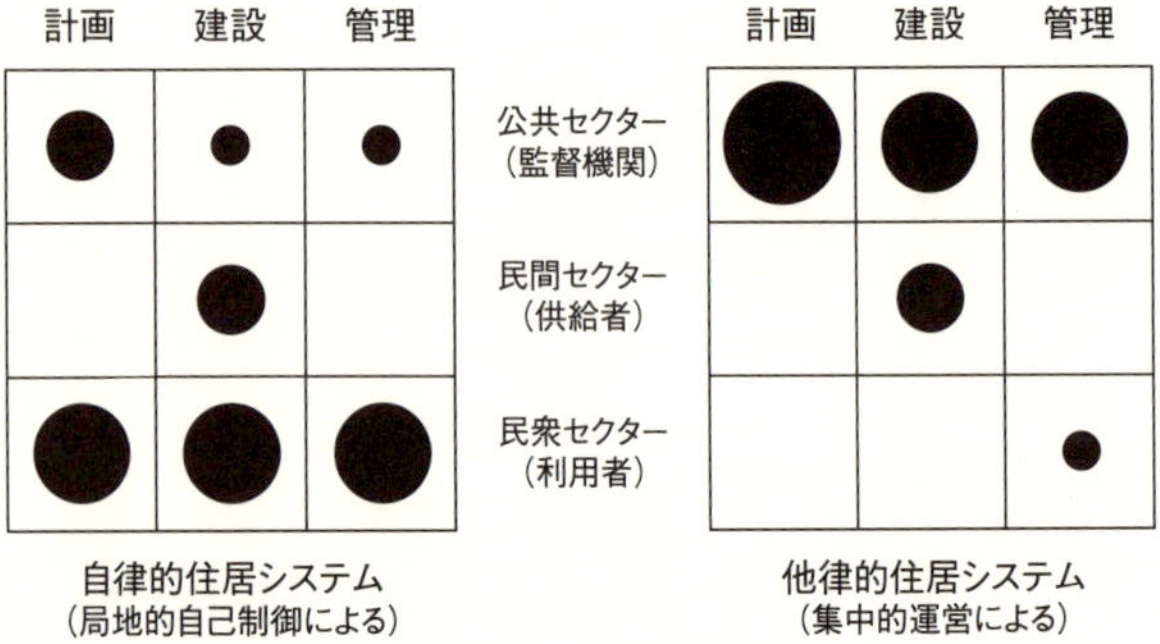

出典：John F. C. Turner: Housing by People, Marion Boyars, 1976をもとに作製

図1　自律的住居システムと他律的住居システム。住居の計画、建設、管理のそれぞれが、公共セクター、民間セクター、民衆セクターのうちのどれによって担われているのかを、丸の大きさで示している。

ズへの適合だけではなく経済的な持続可能性からも後者に優位性があり、公共セクターの主な役割は資源の公平な分配に制限されるべきだと主張したのです。

近代になって労働者を再生産するために生み出された労働者住居というのは、まさに他律的住居システムです。他律的住居システムにおいては問題解決だけでなく、問題設定も公共セクターにまかされています。つまり、何がよい居住環境なのかについての一つの価値観が人びとに押しつけられるわけです。

標準的な家族像、標準的なライフスタイル、そういったものにフィットした画一的な住居がデザインされます。これは、画一的な労働者を生み出すためです。他方で、自律的住居システムにおいては居住者が自らの多様な価値観で問題を設定し、公共セクターや民間セクターはその解決を助けます。

ターナーの言う自律とは、居住者による居住環境の自己決定のことであり、これは、人がその居住環境のデザインを通して、自分の価値観を探究するための条件になります。ターナーは自律的住居システムの優位性を、利用者が生活環境をデザインするほうが、利用者のニーズに適合したものになるというように説明します。しかし、ニーズへの結果的な適合よりも、自分の生活環境のデザインを通して自分のニーズとは何かについての探究ができるということに、価値があるというのが私の考えです。

仕事と生活が混ざる場所

この中間領域と居住者によるデザインという二つの観点から本町エスコーラの話をしましょう。まず、中間領域についてです。本町エスコーラは、仕事場として、住居として、あるいはその両方のために使われています。つまり、仕事と生活が混ざっている状態といえます。また、広場や「ドマ」（写真13、215ページ）と呼ばれる煉瓦の床のキッチンと食堂は外部からも気軽に入れるように大きな開口部をつけ、コミュニティ・スペースとなることを企図しています。

次に、居住者自らによる生活環境のデザインについてですが、現代の賃貸のワンルームマンションは、お風呂やトイレやエアコンがついていて、内装のクロス仕上げにはシミ一つありません。もちろん、引っ越しする際は原状回復が条件です。ですから、当然、自分で改装することはできません。

一方、本町エスコーラは、トイレとシャワーは共有です。お風呂もありません（近くに銭湯はあります）。内装も外装もつくりかけ、あるいは壊れかけのように見えます。それでも、好きなように改装することができるのが特徴です（写真14）。

最初から専門家がパーフェクトな完成品を用意するという、生活環境のあり方もアリだとは思います。しかし、むしろ不完全だけれど、自分で関わることのできる生活環境が、自らの探究のためになるのではないでしょうか。

もちろん、この点に関しても、メンバーの評価は分かれています。特に、仕事場としてエスコーラを使っている人は少々雑な環境でも我慢できますが、住居として使っている人はかなり不満を持っています。ちょっと汚なすぎるとか、夏の暑さや冬の寒さが厳しすぎてほとんど屋外に住んでいるようだとか。いま、断熱材を入れようとか、窓を二重にしようとか、

上：写真13　中間領域としての「ドマ」
下：写真14　DIYによる居住者自らのデザイン

共有のキッチンと食堂の使い勝手が悪いので改装しようとか話し合っている段階です。

6・3　ギフトエコノミーのためのローカルな企て

再分配・交換・互酬：三つの経済的パターン

人の自律的なあり方を可能にする環境とはどのようなものか。ここまで、本町エスコーラの三つのコンセプトである「コミュニティ」「建築」「インフラ」については概観しましたが、次に、自律的な経済のあり方とは何かについて考えていきたいと思います。

前項で触れたターナーの自律的住居システムの話には、すでに経済の話が含まれていました。ターナーのモデルにおける、公共セクター、民間セクター、民衆セクターの区分は、国家、市場、コミュニティと言い換えることもできます。これらは、経済学者カール・ポランニー（Karl Polanyi, 1886 - 1964）の言う「再分配」「交換」「互酬」という三つの経済的パターンに対応しています[*11]（図2）。

再分配は、一ヶ所に集めてから配分するということです。たとえば、税金を集めて、それを

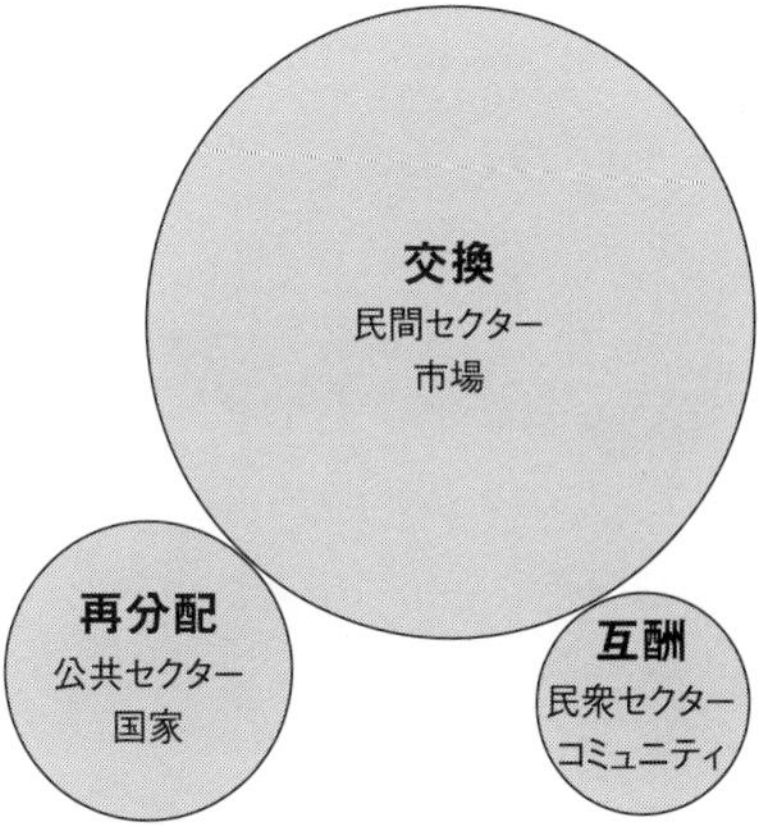

図2　「再分配」「交換」「互酬」の3つの経済的パターン。現代では、互酬と再分配に対して交換が肥大している。

使って道路や学校や病院をつくるといった公共事業を行う。これは、国家や地方自治体のような公的主体が行います。ターナーが批判したマスハウジングも公共事業です。公共事業は平等を重んじるため、どうしても画一的になりがちです。学校教育も団地もだいたいは画一的なプランを持っています。このため、人びとの多様なニーズを満たすことはできません。

次に、交換とは、市場《しじょう》において商品を取引することです（市場《しじょう》とは、具体的な場所としての市場《いちば》と違って抽象的な場所です）。たとえばハウスメーカーから一軒家を購入したり、デベロッパーからマンションを借りたりする場合、市場において住居という商品ないしサービスを手に入れたことになります。なお、先ほど再分配だといった団地ですが、日本では家賃を払う必要がありますので、厳密にいえば交換も混じっています。市場で手に入る住宅には、団地に比べ多様な選択肢があるでしょう。つまり、交換は再分配より人々のニーズに適合することが多いです。

ところで、交換は売る方も買う方も競争の世界です。この競争のために多様な商品が開発され、技術が改良され、それにともなって価格も低下します。しかし、競争の世界では、どうしても勝者と敗者に分かれていきます。そして、競争の敗者となれば、買いたいけれどお金がなくて買えないという事態が生じることになります。

最後に、互酬というのは、与えあうこと、助け合いのことです。昔の村などでは、誰かの家を立て替えるとなったら村人総出で建てたでしょう。ただし、助けてもらうためには、村のコミュニティの一員としての義務を果たす必要がありました。そうしないと村八分になってしまう。

このように互酬とは、義務に基づくものでもありえます。しかし、自発的な贈与による互酬というものもありえます。近年、「ギフトエコノミー」（贈与経済）という言葉で意図されているのは、後者であるように思います。

なお、「再分配」「交換」「互酬」というのは理念的な区別であって、実際の経済的なパターンはこの三つがいろいろな割合で混ざっていると見るべきです。たとえば、なじみの店につき合いで顔を出すというのは、貨幣で商品を買っていたとしても、単なる交換ではなく、互酬も入っています。

つけ加えると、資本主義が市場における交換を重視する一方で、再分配を重視するのが社会主義で、互酬を重視するのがアナーキズムだと言うことができます。

本町エスコーラの活動は、コミュニティにおける互酬を重視する点でアナーキズム的かもしれません。自律という概念もアナーキズムにおいて重要視されます。アナーキズムというと、無政府主義と訳され、危険思想のように思われる傾向が日本にはあるかもしれませんが、そんなことはありません。アナーキズムとは、アナーキズムの父とされるフランス人政治家プルードン（Pierre Joseph Proudhon, 1809 - 1865）の「自由は秩序の母であって、秩序の娘ではない」という言葉に象徴されるように、権力者や専門家によるトップダウンのコントロールよりも、個人やそのコミュニティの自発的な協働が生み出す社会の可能性を信頼する立場です。[*12]

現代において問題となっているのは、ターナーが批判した公共セクター中心の都市開発より、民間セクター、つまり企業による都市の資本主義的な再開発であるように思います。資本主義は再分配や互酬の対象であったものを交換の対象、商品とすることで、交換の領域を拡大していきます。

以前には商品をたくさん買わなくても生活できる条件がありました。それは「コモンズ」（共用環境）と呼ばれます。それは、交換ではなく互酬と再分配の空間です。しかし、それは経済開発を通して奪われていきました。すなわち、商品を買わなければ生活が成り立たなくなったのです。都市環境もそうした対象として商品にされていくわけです。[*13]

これは、ジェントリフィケーションと呼ばれる問題です。住居や都市は民間セクターによって資本の拡大のための手段として計画・建設されることになり、民衆セクター、つまり利用者にとっての住居や都市の価値が損なわれます。[*14]

オルタナティブな経済

このようにアンバランスに交換が肥大化し互酬と再分配が小さくなっている状況に対して、ふたたび互酬と再分配の領域を生み出すことが必要であるように思います。そうして生み出されるオルタナティブな経済がギフトエコノミーです。

もっとも、交換の拡大は、それに従属するような互酬を新しくつくってもきました。たとえば夫が会社に行くのを助けるために強いられる専業主婦の家事は、自律的なあり方を助けるものではありません。それは市場に従属する互酬であり、オーストリアの思想家イヴァン・イリイチ（Ivan Illich, 1926 - 2002）が「シャドウ・ワーク」と呼んだものです[*15]。また、国家による公共事業（再分配）も市場を刺激して景気をよくするためになされたりします。

したがって、自律的な探究を支援する経済のあり方をもたらすためには、単に量的に、交換に対する互酬と再分配のバランスを取るというのではなく、位置づけを逆転させることが必要です。つまり、市場における交換のために互酬や再分配を行うのではなく、自らの価値観に準じた生き方としての互酬的なやりとりを支えるための手段を、必要ならば市場における交換で調達するというように。政府による再分配も、互酬的なやりとりの基盤となるべく、資源を公平に分配するためになされるものであってほしいと思います。

市場価値が価値のすべての時代に

私が交換の領域の拡大に対して、再分配と、特に互酬の領域を確保する必要があると考えるのは、よく言われるように貧富の格差の問題があるからというだけではなく、多くの人にとって、（特に仕事を通じた）探究の機会が奪われてしまうからであり、また探究の範囲が限定されてしまうからです。

資本家や起業家は探究の機会を持つかもしれません。彼らは自分の裁量で自分のアイデアを試してみることができるからです。それでも、資本家は資本を減らさないためには儲かる仕事に投資せざるをえませんし、起業家は起業のための借金を返さないといけませんから、本当によいと思うやり方より儲かるやり方を優先せざるを得ません。

彼らに雇われて働く労働者はもっと探究の機会を奪われます。特に仕事の内容がマニュアル化され、効率化されるほど、労働者の裁量の効く範囲は減っていき、言われたことをするだけになります。自分のアイデアを試してみることができる領域は、雇用主からの指示の周縁の小さな範囲に限られます。

私は資本主義を否定しようとは思いません。再分配や互酬だけでなく、交換があることによって生まれる、技術革新や、自由な空気や、文化的創造性が資本主義にはたしかにあります。

しかし、問題は、市場への過大な依存、市場価値が価値のすべてになってしまうことです。市場における競争をほどほどにして、自分の裁量で「これに価値がありそうだ」と信じることをやっていても普通に生活できるようになってほしい。競争に勝ち残った一部の人でなくともクリエーターや起業家になれるようになってほしい。

大企業で過労死したり、ブラックバイトでこき使われたりするのは、他に道がないと信じてしまうからでしょう。市場はたくさんあるモノの入手先の一つでしかなく、貨幣はたくさんある価値の一つでしかない。そういう実感がある状態であれば、安心して自らの価値観に準じて自分の探究したいことを探究することできるように思います。そのためには、再分配と、特に互酬の領域を確保したい。

もっとも、「自らの価値観」というものも、そもそも資本主義に侵食されているのだと言えます。資本主義社会が自らを維持するのに適したように、人間の考え方や行動の仕方や感じ方を生産する。資本主義社会における「主観性の生産」というのはそういうことかと思います。[*16]

このことについても、全面的に拒否しても仕方がないことです。自分というのは、ネットワークです。言い換えれば、人が生活する環境、精神的環境や、社会的環境や、物質的環境のネットワークが、その人です。そうしたネットワークから独立して、「自らの価値観」があるわけではありません。

問題としているのは、人びとを生み出しているこのネットワークが、あまりに大きく市場的なものに、たとえば会社やテレビやSNSの広告に占められてしまうことです。それによって、コストパフォーマンスとか年収とか老後のための保険とか、そういった概念で頭がいっぱいになってしまいます。そのなかで、人びとは文化の消費者になって、自分たちで文化を生み出すことができることを忘れてしまいます。私は、市場だけではない経済のネットワークによって、私をなりたたせたいと思います。そのために、小規模でもいいから実際にオルタナティブな経済のネットワークをつくっていきたい。

コンヴィヴィアル

この理想はイヴァン・イリイチがコンヴィヴィアル（convivial）という言葉で表したものと同じだと思っています。[*17]「ともに、生き生きしている」という意味であり「共愉的」などとも訳されます。

本町エスコーラにおいて私が目論《もくろ》んでいるのは、自分たちの生活環境や生活基盤を自分たちの価値観に準じて自分たちで構築することを通じて、コンヴィヴィアルな社会をつくることです。またそれは、市場に流通する商品を買わなくても生活できる条件としてのコモンズを生み出すことでもあります。

写真15　鍛冶屋「テツコーラ」の「火入れ式」（鍛冶のための炉に1年で最初に火を入れる）で太鼓を叩く

エスコーラのコンセプトとして位置づけたのは建築やインフラでした。しかし、それに限ることはありません。現在エスコーラでは建築のほか、鍛冶、造園、野菜や綿花の栽培、服や靴、映像、動画、グラフィックデザインなどを自分たちでやってみたりしています。

特に鍛冶は「テツコーラ」（写真15）という名前でやっていて（鉄とエスコーラに由来します）、工房は北区の鷹峯にあるのですが、大きく活動が広がっています。鍛冶のよいところは、他の作業に使う鋼製の道具を自分たちでつくれるようになることです。

このように、衣食住の生活に関わる物事を自分たちの価値観に準じて自分たちでつくれるようになることで、市場経済とは間接化された別の経済のネットワークをつくっていけたらと思います。

また、エスコーラのなかで閉じたものではなく、京都ローカルくらいのスケールで経済的なネットワークがつくれないかと思っています。それはまた、ローカルな文化をもつくります。でも、それはつくろうといって計画的にできるものではないでしょう。先ほど学びについて述べたのと同様に、これも偶然で非形式的な仕方でつくられていくものであり、大事なのは、それが自ら生成するのを邪魔せず助けるということだけだと思っています。「魚礁」や「培地」といった生き物のエコロジーを育てるための下地のメタファーが、文化を生み出す場所のあり方を形容するのに適しているようです。[*18]

ところで、オルタナティブな経済をつくろうという試みが失敗する理由として、コミュニティが閉鎖的になりすぎることがあります。閉鎖的なコミュニティは一つの価値観に閉じこもって探究の機会を失います。

異なる価値観を持つ外部との接点を失うことは、探究の機会を奪うものです。ですから、ローカルな経済・文化的コミュニティを今後つくっていくときには、外部を呼び入れる仕組みが必要になるでしょう。たとえば祭りのような非日常の機会、あるいは、マレビト、行商人、巡礼者など、そういった異質な存在の現代版をつくっていく必要があると思います。

コミュニティによる輸入置換

市場経済から間接化された別の経済的ネットワークとは、まずは互酬的なものですが、交換と互酬の中間くらいと見なせるようなローカルな経済も大事になります。

アメリカのジャーナリスト、ジェイン・ジェイコブズ（Jane Butzner Jacobs, 1916 - 2006）の都市論の鍵となる概念が「輸入置換」（import replacement）です。[*19] つまり、それまで輸入にたよっていた商品を都市内で生産するようにすること、それによって輸入品を、都市内で生産された商品に置き換えることです。ジェイコブズは、これによって都市の産業が多様化し、産業の多様化が都市の安定性を高めると考えました。[*20]

ジェイコブズは都市について論じているわけですが、ローカルなコミュニティにおいてオルタナティブな経済をつくろうとするときにも、輸入置換は有効であるように思います。コミュニティの外から買っていたものを、コミュニティのなかで生産するということです。

たとえば、私はこれまでに友人の結婚パーティーの衣装を何着かつくってきました（写真16、228ページ）。

しかし、グローバル市場が提供する商品の方が高品質であるとしたら、どうしてローカル

写真16　メンバーの結婚パーティーの様子（新郎新婦の衣装は著者が製作した）

なコミュニティの生み出す商品を買うようになるのでしょうか？

それは価値観の転換をともなうものであるはずです。貨幣価値のような画一の基準で「得をする」ことを求めるのではなく、対話を楽しむような態度への転換です。

もし、その商品が「得をする」ためではなく、対話を通した探究のためにあるのなら、商品がちょっとした欠陥を持っていたとしても愛おしく感じるのではないでしょうか。それは貨幣を媒介したとしても、貨幣価値に還元できない贈与の側面を持ちます。

6・4　ベーシックインカムとギフトエコノミー

再分配と互酬を再活性化させる

以上を踏まえて、私が考えているベーシックインカムの位置づけについて述べていきたいと思います。ベーシックインカムというものは、それだけを取り出して考えるのではなく、将来やってきてほしい社会の一つの要素として考えることはできないでしょうか。それはどういう社会かというと、ギフトエコノミーの範囲がいまよりだいぶ広がっていて、一方で市場経済の範囲がいまより限定されているような社会です。

先に述べたように、「交換」「再分配」「互酬」という三つのパターンのなかで、今日、交換が肥大化しています。そして、再分配や互酬は交換に従属する位置に置かれています。

私は、再分配と互酬を再活性化させることが重要ではないかと考えています。ギフトエコノミーは特に互酬を中心とした経済ですが、そこでは、再分配と交換は互酬に従属する位置づけとなります。

このときベーシックインカムは、互酬を支えるような再分配のあり方となり得ます。ギフトエコノミーにおいては、互酬と再分配は交換に従属することなく、むしろ交換によらず生活できる条件としてのコモンズを生み出します（たしかにベーシックインカムは貨幣の形で配られるのだから市場における交換に用いられるのですが、労働市場に身を置かなくても生活できる条件を与えるという意味では交換への依存を減らします）。

お金にならない価値

アメリカの著述家チャールズ・エイゼンシュテイン（Charles Eisenstein, 1967-）の『聖なる経済学』はギフトエコノミーについて書かれた本です[*21]（彼は「聖なる」という言葉を、独特であり、相互に関係している、という意味で使っているそうです）。エスコーラでは、この本の読書会も開催してきました。彼はシルヴィオ・ゲゼルの「減価する貨幣[*22]」とともに、ベーシックインカムを提案します（厳密に言えばエイゼンシュテインが提案しているのは「社会的配当」（social dividend）ですが、これもベーシックインカムと同様にお金の再分配です）。

エイゼンシュテインが指摘するのは、価値はあるけれど、定量化できず、お金にならない仕事があるということです。そしてまた、人間とはギフト（贈与）を行おうとする存在だということです。

つまり、私たちは、お金にはならないけれど大事な仕事を、贈与として行いたいはずなのですが、それが市場経済の仕組みのために妨げられているのだと、そう彼は考えます。すべてが市場経済に依存していれば、本当はあまり価値があるとは思えない、あるいはマイナスの価値があるように思えるけれど、お金になる仕事をせざるをえなくなるからです。価値はあるけれどお金にならない仕事は残念ながら、生活のために省かれていきます。彼の挙げる例で言えば、木を植えるより、木を切ったほうが儲かるから、どんどん森林が破壊される。こうして破壊される森とは、お金を使わずとも生きていける基盤としてのコモンズでした。このコモンズが破壊されることで、生活のためにさらにお金が必要になるので、さらに森林を破壊する。

したがってここにはポジティブ・フィードバックがあって、どんどんコモンズが減っていってどんどん市場に依存するようになるわけです。そこで人びとが、価値はあるけれど定量化できず、お金にならない仕事に打ち込めるようになるために、ベーシックインカムが必要だということになります。またその正当性は、富の源泉は、自然からの贈与や、人類が蓄積してきた文化や技術にあり、それらは人類の共有の財産、コモンズであるということにあります。

お金にならないけれど価値を持つ仕事があるというのはとても大切なことだと思います。現代ではどうしても価値＝市場価値で、お金にならないものには価値がないかのごとく扱われます。

しかし、たとえば空気は、私たちは無料で使っていますが、なければ生きていけないものです。また、生活のなかでの人びととの普通の会話というものも、基本的に無料で得られるものですが、それがなければとても孤独でしょう。こうしたものは、今でも残っているコモンズであり、お金にならなくとも価値があります（前者は自然のコモンズ、後者は社会のコモンズです）。

しかし、こうした残されたコモンズも、放っておけば今後どんどん商品化され、私たちはそれをお金で買わないと得られなくなっていくでしょう。これまでお金にならなかったことを、お金になるようにすることが、新しい価値を生み出す創造的仕事であるかのように言われているのですから。

ベーシックインカムは、このコモンズの商品化の流れに抗うための手段になります。ベーシックインカムがあっても、お金がもらえる代わりに、たくさんお金を使うようになるというのでは無意味です。市場の領域を狭めていって、お金がなくてもいろいろ手に入るので、お金を使う必要が減って、お金になる仕事を減らしていける、というようにしたい。

私はこの点でエイゼンシュテインの考えに同意するのですが、経済成長を志向せずに、縮小経済（交換の領域の縮小）を目指し、貨幣を媒介とした雇用と消費を減らしていきたい。ベーシックインカムは、それ自体としてではなくて、お金を媒介しない経済、ギフトエコノミーの領域を広げるために求められるということです。

精神的な循環、社会的な循環、自然やモノの循環

ベーシックインカムというのは、ギフトエコノミーのための手段です。そしてギフトエコノミーというのも、それ自体が最終的な目的であるわけではありません。私の考えでは、万人が自律的な生き方ができること、すなわち自分の価値観に準じた探究を行い、独特な仕方で習慣を展開させていけること、これが目的です。ギフトエコノミーとは、そうした探究を支える経済のあり方として重視されるということです。

このあり方が重視されれば、精神的な循環、社会的な循環、自然やモノの循環という三つを区別することができるように思います。[*23] ギフトエコノミーへの移行は社会的な循環の変化です。しかしこの社会的循環の変化は、精神と自然の循環の変化をともなわずには進まない

でしょう。

まず、精神的な循環について考えてみましょう。現代の日本は労働が価値の源泉であるという信念を多くの人が持っていて、自然からの贈与が価値の源泉であるという考えや感じ方を持つ人は少ないようです。働かざる者、食うべからず。やりたくない仕事を無理してするのが社会人としての責任だと。

ベーシックインカムの導入を、その合理性の面からどれだけ説明されても違和感を持つでしょう。いやな労働を無理してやることに価値があると信じている人は、それをしないでもよいのだという考えを、まるで自分を否定するものであるかのように感じるかもしれません。精神面での変化が社会に浸透することなくベーシックインカムが導入されても、ギフトエコノミーは広がらないでしょう。

エイゼンシュテインはギフトエコノミーへの移行が、分離された個人から、相互に繋がった自我という、精神のあり方の変化をともなうといいます。エスコーラで開かれたエイゼンシュテインの本の読書会を主導した熊倉敬聡は、著書の『瞑想とギフトエコノミー』(サンガ、2014年)で、特にギフトエコノミーの精神的な側面について議論しています。[*24]

彼は精神と身体を分けてしまう西洋の考え方の限界を指摘して、東洋の瞑想の伝統に可能性を見出しています。私としては、自律、探究、対話、といった概念を軸にギフトエコノミーの精神面を考えたいと思います。自律、探究、対話、それらがすべて自分だけでできるものではなく、コミュニティを必要とします。

対話には相手が必要です。探究のきっかけとなるのは、そうした対話の相手、他者が与える驚きです。そして自律とは、探究が成立していることにほかなりません。ですから、驚きという他者からの贈与が探究をもたらす価値の源泉です。働かざる者、食うべからずと信じている人の信念を揺るがすことができるのは、他者からの贈与であるように思います。[*25]しかし、そのギフトの価値は、与えられた者がそれをきっかけとして行う探究によって明確化されるのであり、与える側が明確化できるものではありません。何が言いたいかというと、そうした精神的な変化を計画することはできないということです。不確定性のなかで、意図しない形での変化が生まれるのだろうということです。

自然の循環との関わりでいうと、自然との関係を、自然のコントロールから自然との対話へと変えていくことが、ギフトエコノミーへの移行と同期するはずです。もちろん、ずっとシンプルな話として、ベーシックインカムが導入されれば無駄に資源を浪費して仕事をすることも減るでしょうから、自然環境にはよい影響があるはずです。しかし、畑やエネルギーや水といった自然との接点が、現在は一部の専門家たちに任されているのですが、これをどう多くの人たちに開いていくかも大切です。

ベーシックインカムの考えの基盤となるものの一つに、価値の源泉は自然からの贈与なのだからこれを公平に分配しよう、というものがあります。しかし、自然からの贈与は自然環境の生態系のあり方によって変わってきます。昔は村八分になったら村を出て山にこもって生活することがあったそうですが、それは人にスキルがあっただけでなく山が豊かだからできたことで、いまの放置された植林地ばかりの山ではなかなか難しいでしょう。

技術的な進歩によって生産性が上がったから、特にこれからはＡＩが人の代わりにいろいろしてくれるから、労働者があまりいらなくなる、だからベーシックインカムが必要になるという考えがあります。

しかし、現在の生産性の向上は自然からの搾取に基づいているので、持続可能なものではありません。自然環境から持続可能な形で贈与をもらうためには、自然との対話的な関係が必要であるように思います。つまり、自然を人間の思い通りにコントロールしようとするのではなく、人間の意図を超えるものであることを受け入れて、その予想外の反応に丁寧に応答していくことです。[*26] そのためにＡＩを使うことができるとしても、ＡＩに任せきりにはできないでしょう。この仕事もまた、大事だけれどあまりお金にならない仕事であり、ベーシックインカムによって可能になるところは多いはずです。

６・５　日常的実践

「こうしたい」に耳をすませる生き方

自律的なあり方とは、自分の価値観に準じた生き方です。それは「こうあるべき」ではなく「こうしたい」に耳をすませる生き方です。しかし、私たちは生きていくためにという大義のために、「こうあるべき」を内面化し、「こうしたい」に蓋をしてしまいます。そして両者の区別がつかなくなってしまいます。本当に自分は何がしたいのかというのがよく分からなくなってくるのです。

ベーシックインカムというアイデアは、本当に自分が何をしたいのかを問うためのきっかけを与えてくれます。あるいは本当に自分は何をしたいのかということからはじめて、まったく別の社会のあり方を構想するきっかけを与えてくれます。

もしベーシックインカムがあれば、私は何をするのでしょうか？　そしてもし本当にそれをしたいのなら、なぜベーシックインカムがないからといってやらないのでしょうか？　そして私たちが本当に何をしたいのかに基づいて生きようとするとき、どのような社会、どのようなコミュニティ、どのような雇用、どのような家族がありうるのでしょうか？

シュミットさんは、ベーシックインカムが社会と精神の変革をもたらすだろうと考えているように思います。

起爆剤としてのベーシックインカム。たしかに、ベーシックインカムという考えは人びとに先述のような問いを突きつけることで、意識の変革のきっかけになるかもしれません。しかし、前もってもう少し普通の人びとの精神がそれを受け止めるのに十分なものになっていないと、何かの拍子でベーシックインカムが導入されたとしても、悪い方向の社会変革をもたらすこともあり得る気が私はします。

シュミットさんも山森さんも、ベーシックインカムとは、私たちの権利だと考えます。参政権と同じように、私たちが持っている権利。この考えに私は惹かれるし正しいと思います。

しかし、先ほど述べたように、現代日本の少なくない人たちは、この考えに拒否感を持つ気がします。単に言葉で、権利を主張するだけでは、そういう人たちの考えが変化することはないでしょう。さらに言うと、「本当に自分が何をしたいのか」というのは、内省によって自分のなかに見つかるものでもないはずです。

ベーシックインカムのアイデアは、それを自分に問うきっかけを与えますが、言葉で考えるだけで見つかる答えは、ちょっと嘘くさいでしょう。「本当に自分が何をしたいのか」は、環境、つまり周りの人やモノとの関わりのなかで、生み出されています。ですから、実際に環境をつくっていくことを通じてこそ、その答えは見えてくるはずです。

このように考えると、ベーシックインカムの導入に向けては、選挙やデモや討議といった従来的な政治活動だけではなく、日常生活を通じた探究が大切なのではないでしょうか。きっとそれは、ギフトエコノミーの先取り的実践とでも言うべきものになるでしょう。

ベーシックインカムがあるかのように暮らすこと。市場原理に回収されない仕事を小規模でもよいから行うこと。小さなコモンズを生み出していくこと。働かざる者、食うべからずと考える人びとの信念を揺るがしうるのも、そうした実践が意図せず生み出すギフトであるように思います。こうした実践が、私たちの美学を、つまり「感じ方」を変えていくのではないでしょうか。そして、こうした美学の変化が、「権利」としてのベーシックインカムを受け入れるという倫理的な判断の、基盤になるのではないでしょうか。

ギフトエコノミーを先取りする実践を、仕組みやシステムやモデルといった形だけでとらえると本質を逃してしまうように思います。重要なのは、そこに対話があるか、探究があるかということです。

精神的な循環、自然の循環、社会的な循環の三つが絡み合っているという話をしました。対話と探究が三つの循環を結びつけています。対話とは、相手が（人であれモノであれ）予想から逸脱すること、それをきっかけに自分が変化することを受け入れ、楽しみさえするような関わりです。

エスコーラは、そうした日常的実践の場となることを目指しています。だからといって、実際にやっているのは普通のシェアハウスに毛が生えた程度のことで、特にモデルとして見習ってほしいわけではありません。全国や世界には、もっと大規模に、あるいは深く、ギフトエコノミーに向けた日常的実践をやっているコミュニティがあります。

以上の話が、そうした実践の意義を理論的に考える一つのヒントになったらよいと思います。あるいは、これからそうした実践をしようとしている人たちにとって、それを後押しできたら嬉しいです。

お願い　本町エスコーラの見学は可能ですが、必ず事前に連絡してください。
連絡先：honmachiescola@gmail.com

1 石原孝二（編）『当事者研究の研究』医学書院（２０１３）に出てくる「自立」の定義をもとにしている。つまり「自立とは『自分の価値判断に準じて』生きられるということにほかならない」。また、この意味での自立とは自律という漢字を当ててもよいと考え、私は本稿で自律と自立を区別せずに使っている。

2 「探究」の概念については、哲学者C・S・パースの考えをベースにしている。山口純、門内輝行、「設計プロセスにおける論理学的、倫理学的、美学的次元の関係：C・S・パースの規範学に基づく探究としての設計プロセスのモデル」、『日本建築学会計画系論文集、79（７０３）』（２０１４）

3 当事者研究やオープン・ダイアローグについては友人の米田量に教えてもらった。本文のなかの対話に関する記述は彼との話し合いに依るところが多い。

4 石原孝二（編）『当事者研究の研究』医学書院（２０１３）

5 ヤーコ・セイックラ、トム・エーリク・アーンキル『オープンダイアローグ』日本評論社（２０１６）

6 桑野隆『バフチン』平凡社（２０１１）

7 矢野智徳という造園家が提唱している「大地の再生」の方法を学んだ造園家でエスコーラのメンバーの佐賀浩香がエスコーラの広場を整備している。

8 山本理顕『権力の空間／空間の権力 個人と国家の〈あいだ〉を設計せよ』講談社（２０１５）ただし、山本が依拠するハンナ・アレントの理論における「仕事」と「労働」の西洋的な区別には、私は同意することができない。

9 山口純「建築家ジョン・F・C・ターナーの自律的住居システムの思想」、『日本建築学会近畿支部研究報告集，計画系（56）』（２０１６）

10 Turner, John F. C. "Housing by People", Marion Boyars（1976）

11 カール・ポランニー『経済の文明史』日本経済新聞社（１９７５）

12 コリン・ウォード『現代のアナキズム』人文書院（１９７７）

13 デヴィッド・ハーヴェイ『反乱する都市　資本のアーバナイゼーションと都市の再創造』作品社（２０１３）

14 イヴァン・イリイチ『シャドウ・ワーク』岩波書店（１９９０）

15 イリイチの言うシャドウ・ワークとは「産業社会が財とサーヴィスの生産を必然的に補足するものとして要求する労働」である。イヴァン・イリイチ『シャドウ・ワーク』岩波書店（１９９０）

16 マウリツィオ・ラッツァラート『記号と機械：反資本主義新論』共和国（２０１５）

17 イヴァン・イリイチ『シャドウ・ワーク』岩波書店（１９９０）

18 「魚礁」は米田量、「培地」は佐藤知久の言葉を借りた。

19 ジェイン・ジェイコブズ『都市の原理』鹿島出版会（２０１１）。

20 多様性が安定性を生むというのは、システム一般について言うことができる。システムが安定的であるためには、システムは、環境の多様性以上の多様性をもたねばならない。これはサイバネティクスの研究者であるＷ・Ｒ・アシュビーが提唱した法則性で、アシュビーの必要多様度の法則(law of requisite variety) と呼ばれる。多様性の低いシステムは、環境からの撹乱に対して脆弱である。都市において、産業の多様性が高いほどその都市の安定性が高まる。自然環境において、生物の多様性が高いほどその自然環境の安定性が高まる。同じように、都市において、仕事の多様性が高いほど、その都市の安定性が高まる。そして特に都市においては、輸入置換が多様性を生むための手段となる。実は前述のターナーの自律的住居システムの理論も、この必要多様度の法則に依拠している。

21 Charles Eisenstein "Sacred Economics: Money, Gift, and Society in the Age of Transition" North Atlantic Books (2011)。オンラインで無料で読める。http://sacred-economics.com/

22 彼の主張は以下のようなものだ。「経済成長」とは常に自然のコモンズや社会的なコモンズを商品化、金銭化することによってなされる。そして現在、先進国ではこの金銭化が限界にきている。そこでなんとか経済成長を持続させようと、途上国の自然のコモンズや社会的なコモンズを商品化して輸入したり、借金の返済を先延ばしすることで将来から前借りしたりしている。この無理矢理の経済成長は持続可能ではない。ところが、経済成長がなくても、あるいは経済的な縮退のなかでこそ、人びとは豊かに過ごすことができる。そのためには、貨幣のもたらす「利子」を反転させなくてはならない。利子があると、貨幣を（銀行に預けて）持っているだけで増えることになる。この場合、利子より経済成長のほうが大きいときだけ、投資が活発になって富が循環するが、経済成長が利子より小さいと、富は循環しない。投資するより持っていたほうが増えるから。こうして経済成長があるときだけ格差が是正される。そこでエイゼンシュテインは負の利子を持った貨幣、あるいは劣化する貨幣を提案する。もし貨幣が、時間とともに価値を減らしていくものだったら、経済成長がなくても、人は投資する。投資のリターンがゼロでも、持っているままで減っていくよりかはましなので。

23 フェリックス・ガタリは精神のエコロジー、社会のエコロジー、環境のエコロジーというのが相互に関係しあっていて、どれか一つだけを変化させるということはできないと考える。フェリックス・ガタリ『3つのエコロジー』平凡社ライブラリー（2008）

24 熊倉敬聡『瞑想とギフトエコノミー』サンガ（2014）

25 規範を変化させうるのが贈与であるということは、社会学者大澤真幸の理論を下敷きに杉万俊夫が町づくりの事例を挙げながら述べていることです。杉万俊夫『コミュニティのグループ・ダイナミックス』京都大学学術出版会（2006）

26　自然やモノを生きたものとして見る「物活論」(hylozoism) の立場である。こうした考え方は、哲学者A・N・ホワイトヘッドや、それを受けた建築家C・アレグザンダーによって主張されていて、エイゼンシュテインの聖なる経済学もまた彼らの思想を参照している。私はパースの探究の理論をベースに物活論的な設計方法論のあり方を構想している。山口純：物活論的設計論の方向性、Design シンポジウム2016講演論文集、2016・12

おわりに

本書の成り立ちには、表紙に名前のある４人の著者以外に多くの方が関わっています。感謝の意を込めて、ここに若干の経緯を記しておきます。

本書のきっかけは、２０１４年の1月に遡ります。ドイツ哲学者の別所良美さんが、そのころドイツ語圏におけるベーシックインカムについて研究をされており、本書でも触れられているゲッツ・ヴェルナーさんらとともに、ドイツ・ボン郊外にあるアラヌス大学でシンポジウムを開催されました。当時、イギリス・ケンブリッジにいた著者の一人である山森も、このとき別所さんが招待してくださいました。

その後、同じく著者の一人であるシュミットが、別所さんや私をバーゼルに招いて集会を準備してくれました。シュミットは前年秋に、第1章で触れられているスイスでのベーシックインカムについての国民投票に必要な12万筆の署名を仲間と集めたばかりでした（写真2：口絵参照）。

シュミットは京都に来たいとそのときから言っていましたが、それが実現したのは、2016年6月にスイスで行われた国民投票の後でした。

同年の秋、フィンランドのベーシックインカム活動家であるヨオコ・ヘンミさん（シュミットと山森の共通の友人）とシュミットが、二人で京都を訪れる計画が持ち上がりました。その後、本書でも触れられているフィンランドでの給付実験の動きが具体化するなかで、ヘンミさんは多忙になったため、来日は実現しませんでした。そして2017年の春、シュミットが一人で京都へ来ることになったのです。

京都では、本書でも触れられている社会彫刻に触発されたり、同様の活動を実践している人など30人近い有志が集まって、Kyoto Basic Income Weekend という枠で、議論と準備がなされました。

著者の一人である山口純が関わっている「本町エスコーラ」で、「ベーシックインカムの庭」と題した社会彫刻的イベントが4月23日に開かれたのを皮切りに、翌

24日には同志社大学を会場にシンポジウムが持たれました。

関わってくださった皆さんのお名前をここで逐一紹介することはできませんが、とりわけ、ネイティブ・アメリカンのテント「ティピィ」を貸してくださった小山田徹さん、当日の食事や様々な準備を手伝ってくださった林葉月さん、佐々木暁生さんはじめとした「本町エスコーラ」の皆さん、メキシコ先住民の人びとのつくったコーヒーを提供してくださった皆さん、イベントの場を「セイファー・スペース」とするべく議論を重ねて場づくりをしてくださった皆さん、記録のために撮影を担当してくださった前川紘士さん、松久寛さんをはじめ「縮小社会研究会」の皆さん、そして通訳をしてくださった平賀緑さん、張子康さん、金津まさのりさんなど、この場では言及しきれないほど多くの方々の協力で行われたイベントでした。

本書の第1章、第5章、第6章は、このときのシンポジウムをもとにしています。

＊　＊　＊

シンポジウムをもとに本をつくるというのは思っていたよりも大変な作業で、光文社新書編集部の小松現さんというプロフェッショナルとの共同作業なしには成立し得なかったでしょう。小松さんは、筆者の一人、山森の『ベーシック・インカム入門――無条件給付の基本所得を考える』を2009年に出してくださっていました。今回、その続編を山森一人で書くようにというお話を小松さんからいただいていました。すでに企画書も通っていたにもかかわらず、4人の共著への変更という、山森の我儘《わがまま》を通してくださった小松さんには頭が下がります。『ベーシックインカム入門』を出版した2009年当時というのは、ベーシックインカムをめぐる動きや議論を俯瞰する書物は日本語でも英語でもほとんどありませんでした。

そのため前著では、なるべく自分の意見を抑え、既存の社会保障制度との関係、女性解放運動との関係、200年におよぶベーシックインカムの思想や運動についての歴史、負の所得税などのベーシックインカム的な議論、経済学における様々な議論など、可能なかぎりベーシックインカムの俯瞰的な像を描くことに徹しました。

本書でも第2章については、『入門』以降の動き、あるいは『入門』で書ききれなかった点について、なるべく俯瞰的に書いたつもりです。しかし、繰り返しを避けるため、『入門』で詳述したトピックについては本書では触れていませんので、それらに関心のある方は、前述の『入門』を手にとっていただければ幸いです。とはいえ、本書を読む前に、『入門』を読む必要があるというわけではありません。『入門』は入門書であると同時に、学術的な基礎文献としても耐えうるような二兎を追う書き方をしましたので、逆に分かりにくいところもあったかもしれません。ですから、むしろ本書を入り口として、より俯瞰的に知りたい人は『入門』や、その他の良書に進んでもらえたら幸いです。

現在では様々な良書が刊行されていることもあって、本書ではベーシックインカムの俯瞰的な全体像を客観的に伝えようとすることにはそれほどこだわっていません。むしろ、わたし（たち筆者）はどうしたいのか、ということを、よりストレートに伝えようとしています。

第1章については、当初、平賀さんの通訳をテープ起こししたものをもとにしていましたが、その後シュミットの希望で、その原稿を山森が口頭で英語にし、それにシュミットが口頭で言葉を足して、それをその場で山森が英語で書き留めるという作業を3日間にわたって行いました。それをさらに山森が翻訳したのが第1章です。第2章と第3章は書き下ろしです。第4章は、山森がシュミットにインタビューしたものを山森が翻訳しています。第5章、第6章は、シンポジウムのテープ起こしをもとに、堅田と山口がそれぞれ加筆をしています。

本書編集の多くの作業は、ベラ・ハトバニー宅に滞在中に行われました。ハトバニーさんは、起業家として図書館情報技術に、投資家としてクラウドファンディングに、それぞれの黎明期に関わってこられたヴィジョナリーです。現在は篤志家として有機農法やベーシックインカムなどに関わっています。滞在中、絶えず励ましてくださり、また本書への推薦文をいただきました。ありがとうございます。

なお、本書の印税の一部を、第2章で触れたブラジルでの給付実験を行っているNPO『ヘシビタス』に寄付したいと思います。

＊　＊　＊

2014年1月、シュミットが山森をバーゼルに招いた際に、シュミットとともに活動する多くの人びとを紹介してくださいました。そのうちの一人、ニコ・ハーマンさん（写真3：口絵参照）と山森は、その後、親交を深め、様々なことを語り合ってきました。しかし、2015年5月、心臓疾患が彼の命を奪ってしまいました。

今回、シュミットによるハーマンさんのインタビューを、シュミットがドイツ語を英語に、その英語を山森が日本語に翻訳したものをコラムとして掲載すると同時に、本書全体をニコ・ハーマンの想い出に捧げたいと思います。

2018年10月

山森亮

ガタリ, フェリックス, 2008,『3つのエコロジー』平凡社ライブラリー

熊倉敬聡, 2014,『瞑想とギフトエコノミー』サンガ

杉万俊夫, 2006,『コミュニティのグループ・ダイナミックス』京都大学学術出版会

山口純, 2016,「物活論的設計方法論の方向性」,『Design シンポジウム 2016 講演論文集』

フェデリーチ，シルヴィア，2004［2017］，（小田原琳・後藤あゆみ訳）『キャリバンと魔女』以文社

堅田香緒里・白崎朝子・野村史子・屋嘉比ふみ子，2011，『ベーシックインカムとジェンダー —— 生きづらさからの解放に向けて』現代書館

Weeks, Kathi，2011，*The Problem with Work*，Duke University Press.

【第6章】

石原孝二（編），2013，『当事者研究の研究』医学書院

山口純・門内輝行，2014，「設計プロセスにおける論理学的, 倫理学的, 美学的次元の関係：C.S. パースの規範学に基づく探究としての設計プロセスのモデル」、『日本建築学会計画系論文集，79 (703)』pp.1881-1890.

セイックラ，ヤーコ＋アーンキル，トム・エーリク，2016，『オープンダイアローグ』日本評論社

桑野隆，2011，『バフチン』平凡社

山本理顕，2015，『権力の空間 / 空間の権力 個人と国家の〈あいだ〉を設計せよ』講談社

山口純，2016，「建築家ジョン・F・C・ターナーの自律的住居システムの思想」，『日本建築学会近畿支部研究報告集，計画系（56）』pp.181-184

Turner, John F. C., 1976, Housing by People, Marion Boyars.

ポランニー, カール, 1975,『経済の文明史』日本経済新聞社

ウォード，コリン，1977，『現代のアナキズム』人文書院

ハーヴェイ，デヴィッド，2013，『反乱する都市　資本のアーバナイゼーションと都市の再創造』作品社

イリイチ，イヴァン，1990，『シャドウ・ワーク』岩波書店

ラッツァラート，マウリツィオ，2015，『記号と機械：反資本主義新論』共和国

ジェイコブズ，ジェイン，2011，『都市の原理』鹿島出版会

Eisenstein，Charles，2011，*Sacred Economics: Money, Gift, and Society in the Age of Transition*，North Atlantic Books.

前原真吾, 2016,「共振する芸術と教育(5): ヨーゼフ・ボイスの自由国際大学（FIU）」『独語独文学研究年報』42, pp.24-59, 北海道大学
オンケン, ヴェルナー, 1986［1999］（宮坂英一訳）「経済学者のための『モモ』入門」.『自由経済研究』

Polanyi, Karl, 1934, Rudolf Steiner's economics, *New Britain*, 3(63), pp. 311-312.

Preparata, Guido Giacomo, 2006, Perishable Money in a Threefold Commonwealth, *Review of Radical Political Economy*, 38(4), pp.1-30.

スミス, アダム, 1776［2007］（山岡洋一訳）『国富論：国の豊かさの本質と原因についての研究』上下, 日本経済新聞出版社

シュタイナー, ルドルフ, 1908［2011］（西川隆範訳）「精神科学と社会問題」『社会問題の核心』春秋社, 所収

シュタイナー, ルドルフ, 1919a［2010］（高橋巖訳）『社会問題の核心』春秋社

シュタイナー, ルドルフ, 1919b［2011］（西川隆範訳）「社会問題」『社会問題の核心』春秋社, 所収

シュタイナー, ルドルフ, 1922［2010］（西川隆範訳）『シュタイナー経済学講座：国民経済から世界経済へ』ちくま学芸文庫

菅原教夫, 2004,『ボイスから始まる』五柳書院

若江漢字・酒井忠康, 2013,『ヨーゼフ・ボイスの足型』みすず書房

ヴェルナー, ゲッツ, 2006［2007］,（渡辺一男訳）『ベーシック・インカム：基本所得のある社会へ』現代書館

ヴェルナー, ゲッツ, 2007［2009］,（渡辺一男訳）『すべての人にベーシック・インカムを：基本的人権としての所得保障について』現代書館

【第５章】

Crenshaw, Kimberle, 1989, Demarginalizing the Intersection of Race and Sex: A Black Feminist Critique of Antidiscrimination Doctrine, Feminist Theory and Antiracist Politics, in The University of Chicago Legal Forum Volume 1989, Issue 1, Article 8., pp.139-167.

Yamamori, Toru, 2014, A feminist way to unconditional basic income: Claimants unions and women's liberation movements in 1970s Britain, *Basic Income Studies*, 9(1-2), pp.1-24.

【第３章】

ボイス, ヨーゼフ, 1978［1986］（深澤英隆訳）「対案（オルタナティブ）実現へのアピール」ハーラン, フォルカー＋ライナー・ラップマン＋ペーター・シャータ『ヨーゼフ・ボイスの社会彫刻』人智学出版社、所収

Beuys, Joseph（edited by Volker Harlan）1986［2004］（translated by Matthew Bardon and Shelley Sacks）*What is Art?*, Clairview Books.

ボイス, ヨーゼフ＋西武美術館, 1984,『ドキュメント・ヨーゼフ・ボイス』〈引用はもとは前原 2012、p.31.〉

エンデ, ミヒャエル, 1973［1976］（大島かおり訳）『モモ：時間どろぼうとぬすまれた時間を人間にとりかえしてくれた女の子のふしぎな物語』岩波書店

ゲゼル・シルヴィオ, 1920[2007](相田愼一訳)『自由地と自由貨幣による自然的経済秩序』ぱる出版

Hohlenberg, Johannes, 1934, The Heritage of Society (translated by Karsten Lieberkind) in［2007］Anthoroposophical Reflections on Basic Income, *Basic Income Studies*. 2(2), pp.1-17.

Hohlenberg, Johannes, 1937, He Who Does Not Work, Neither Shall He Eat（translated by Karsten Lieberkind）in［2007］Anthoroposophical Reflactions on Basic Income, *Basic Income Studies*. 2(2), pp.1-17.

河邑厚徳＋グループ現代, 2000,『エンデの遺言：根源からお金を問うこと』NHK 出版

ケインズ, ジョン・メイナード, 1936［2008］（間宮陽介訳）『雇用、利子および貨幣の一般理論』上・下, 岩波文庫

前原真吾, 2012,「共振する芸術と教育(1): ヨーゼフ・ボイスの教育思想」『独語独文学研究年報』38, pp.26-50, 北海道大学

参考文献

＊複数の章で言及されているものは、最初に言及した章の項目に記載。

【第２章】

Forget, Evelyn L., 2011, The town with no poverty: The health effects of a Canadian guaranteed annual income field experiment, *Canadian Public Policy*, 18(3), pp.283-305.

Frey, Carl Benedikt and Michael A. Osborne, 2013, The future of employment: How susceptible are jobs to computerisation?, The Oxford Martin Programme on Technology and Employment.

神野直彦, 2007『財政学［改訂版］』有斐閣

カップ, K. W. 1975（柴田徳衛・鈴木正俊訳）『環境破壊と社会的費用』岩波書店

ケインズ,J.M.1930 [1931]「孫の世代の経済的可能性」（山岡洋一・抄訳,2010）『ケインズ説得論集』日本経済新聞社, 所収

牧野久美子, 2013「南アフリカとナミビアにおける現金給付プログラム」宇佐見耕一・牧野久美子編『現金給付政策の政治経済学（中間報告）』調査研究報告書, アジア経済研究所

岡野内正ほか, 2016『グローバル・ベーシック・インカム入門：世界を変える「ひとりだち」と「ささえあい」の仕組み』明石書店

ターナー，アデア, 2016[2016]（高遠裕子訳）『債務、さもなくば悪魔：ヘリコプターマネーは世界を救うか？』日経 BP 社

植田和弘・諸富徹, 2016『テキストブック現代財政学』有斐閣

山口薫, 2015『公共貨幣』東洋経済新報社

山森亮, 2009,『ベーシック・インカム入門：無条件給付の基本所得を考える』光文社新書

Widerquist, Karl, 2005, A failure to communicate: What (if anything) can we learn from the negative income tax experiments?, *Journal of Socio-Economics*, 34, pp.49-81.

著、Palgrave Macmillan）などがある。現在、すべてのゆかいな仕事人のためのリトルマガジン『仕事文脈』（タバブックス）にて「さわる社会学」連載中。

山口純（やまぐちじゅん）

1983年神奈川県川崎市生まれ。2007年京都大学工学部建築学科卒業。2014年京都大学大学院工学研究科建築学専攻博士課程修了。博士（工学）。博士論文のタイトルは「C.S.パースの記号論に基づく探究としての設計プロセスに関する研究」。立命館大学R-GIRO専門研究員を経て、現在、横浜国立大学Y-GSA産学連携研究員。大見新村プロジェクト（無住化集落の再生）、本町エスコーラ、スクラップ装飾社（廃材を用いたデザイン）、カサルーデンス（DIYの実践と研究）に参加。建築設計方法論の研究とモノ作り（建築、洋裁、鍛冶、木工、製靴、レザークラフト、革鞣し、古い自転車の修理など）を実践している。

執筆者プロフィール

エノ・シュミット

1958年西ドイツ・オスナブリュック生まれ。アーティスト。ヨーゼフ・ボイスの「7000本の樫の木」に触発された、東西ドイツをつなぐ「木の十字行動」などの社会彫刻で知られる。1994年フランクフルト芸術賞受賞。2006年にスイス・バーゼルに移り、ダニエル・ハニと共に「イニシアティブ・ベーシックインカム」を設立。2008年に映画『ベーシックインカム：文化的衝撃』を発表。また、ハニらとともにスイスで約12万筆の署名を集め、2016年に実施されたベーシックインカムについての国民投票への道筋を作った。

山森亮（やまもりとおる）

1970年生まれ。京都大学大学院経済学研究科修了。同志社大学経済学部教員。Basic Income Earth Network理事。著書に*Basic Income in Japan*（共編、Palgrave Macmillan）、『ベーシック・インカム入門』（光文社新書）、『労働と生存権』（編著、大月書店）、『貧困を救うのは、社会保障改革か、ベーシック・インカムか』（共著、人文書院）など。イギリス労働者階級の女性解放運動についてのオーラルヒストリー研究で2014年*Basic Income Studies*最優秀論文賞を受賞。必要概念の経済思想史研究で2017年欧州進化経済学会K.W.Kapp賞を受賞。

堅田香緒里（かただかおり）

1979年静岡県生まれ。東京都立大学大学院社会科学研究科博士課程修了。博士（社会福祉学）。埼玉県立大学保健医療福祉学部助教を経て、現在、法政大学社会学部教員。ゆる・ふぇみカフェ運営委員、ふぇみ・ゼミ運営委員。共編著に『ベーシックインカムとジェンダー —— 生きづらさからの解放に向けて』（現代書館）、著書に『社会政策の視点 —— 現代社会と福祉を考える』（共著、法律文化社）、『労働と生存権』（共著、大月書店）、*Basic Income in Japan: Prospects for a Radical Idea in a Transforming Welfare State*（共

＜本書のテキストデータを提供します＞

視覚障害、肢体不自由などを理由として必要とされる方に、本書のテキストデータを提供いたします。ご自身のメールアドレスを明記し、下のテキストデータ引換券（コピー不可）を同封の上、下記の住所までお申し込みください。

＜宛先＞

〒 112-8011
東京都文京区音羽 1-16-6
（株）光文社　新書編集部
『お金のために働く必要がなくなったら、何をしますか？』
テキストデータ係

『お金のために働く必要が
なくなったら、何をしますか？』
テキストデータ
引　換　券

エノ・シュミット

1958年西ドイツ・オスナブリュック生まれ。アーティスト。

山森亮（やまもりとおる）

1970年神奈川県生まれ。同志社大学経済学部教員。

堅田香緒里（かただかおり）

1979年静岡県生まれ。法政大学社会学部教員。

山口純（やまぐちじゅん）

1983年神奈川県生まれ。横浜国立大学大学院 Y-GSA 産学連携研究員。

お金《かね》のために働《はたら》く必要《ひつよう》がなくなったら、何《なに》をしますか？

2018年11月20日初版1刷発行

著　者 ── エノ・シュミット／山森亮
　　　　　堅田香緒里／山口純

発行者 ── 田邉浩司

装　幀 ── アラン・チャン

印刷所 ── 萩原印刷

製本所 ── ナショナル製本

発行所 ── 株式会社光文社
東京都文京区音羽1-16-6(〒112-8011)
https://www.kobunsha.com/

電　話 ── 編集部03(5395)8289 書籍販売部03(5395)8116
業務部03(5395)8125

メール ── sinsyo@kobunsha.com

Printed in Japan　ISBN 978-4-334-04382-7

974
暴走トランプと独裁の習近平に、どう立ち向かうか？
細川昌彦

国際協調を無視して自国利益第一で世界をかき乱す「米国問題」と〝紅い資本主義〟のもと、異質な経済秩序で超大国化する「中国問題」への解決策は。元日米交渉担当者による緊急提言。

978-4-334-04380-3

975
自炊力
料理《レシピ》以前の食生活改善スキル
白央篤司

面倒くさい？　時間がない？　料理が嫌い？　そんなものぐさなあなたに朗報！　コンビニパスタ×冷凍野菜など、作らずに「買う」ことから始める、新しい「自宅ご飯」のススメ。

978-4-334-04381-0

976
お金のために働く必要がなくなったら、何をしますか？
エノ・シュミット
山森亮
堅田香緒里
山口純

ベーシックインカム――生活するためのお金は無条件に保障される制度――は、現在、世界各地で導入の議論が盛んになっている。お金・労働・所得・生き方などの価値観を問い直す。

978-4-334-04382-7

977
二軍監督の仕事
育てるためなら負けてもいい
高津臣吾

プロ野球、メジャーリーグでクローザーとして活躍し、韓国、台湾、BCリーグでもプレー経験を持つ現役二軍監督の著者が、定評のある育成・指導方法と、野球の新たな可能性を語りつくす。

978-4-334-04383-4

978
武器になる思想
知の退行に抗う
小林正弥

事実よりも分かりやすさが求められるポピュリズムの中で主体的に生きるには、判断の礎となる「思想」が不可欠だ。サンデル流・対話型講義を展開する学者と共に「知の在り方」を考える。

978-4-334-04384-1